Birgitt Torbrügge

TeilzeitSelbständigkeit

W0052871

Birgitt Torbrügge

Teilzeit
Selbständigkeit

Das Handbuch
für die Kleinunternehmerin

Vollständig überarbeitete Neuauflage

Frauenoffensive

3., vollständig überarbeitete Auflage, 2009
© Verlag Frauenoffensive, 2003
www.verlag-frauenoffensive.de
info@verlag-frauenoffensive.de

ISBN 978-3-88104-365-6

Druck: CPI books, Clausen & Bosse, Leck
Umschlaggestaltung: Erasmi & Stein, München

Dieses Buch ist gedruckt auf Papier aus chlorfrei gebleichtem Zellstoff.

INHALT

Widmung und Dank

Ohne Hilfe und Unterstützung wäre auch dieses Buch nicht möglich gewesen. Für die Inspiration danke ich all denen, die in meinen Seminaren und Beratungen durch ihre Fragen und mit ihren praktischen Erfahrungen zu seinem Inhalt beigetragen haben.

Den Verlegerinnen einen herzlichen Dank für die gelassene und freundliche Betreuung auch der neuen Auflage.

Gewidmet ist dieses Buch Claudia Wand. Nur durch ihren großartigen Einsatz konnte die Neuauflage termingerecht überarbeitet werden.

Mechernich, im Juni 2009   *Birgitt Torbrügge*

1. EINFÜHRUNG

Teilzeitselbständigkeit gibt es eigentlich gar nicht. Zumindest ist sie in der vorhandenen Förderlandschaft kaum sichtbar. Da ist immer noch der Mythos des Unternehmers, der mit enormem zeitlichem und finanziellem Aufwand den Markt mit innovativen Geschäftsideen betritt, der mit vielen Angestellten und hohen Krediten ein großes Risiko für sich und die Volkswirtschaft eingeht... Statistisch sieht die Gründungswirklichkeit ganz anders aus. Im Gründungsmonitor der KfW (Kreditanstalt für Wiederaufbau) ist abzulesen, daß der Anteil der Teilzeitgründungen am Gründungsgeschehen immer noch überwiegt, 2008 sind von allen bundesdeutschen Gründungen 58 % nicht im Vollerwerb vorgenommen worden. Gerade Frauen benutzen diesen Weg als ihre Chance auf dem Arbeitsmarkt: Die Frauenquote liegt bei 47,5 %. Teilzeitselbständigkeit ist dabei nicht wirklich ein juristisch oder wissenschaftlich definierter Begriff. Er besagt einfach, daß die Selbständigkeit nicht in Vollzeit unternommen wird, mit der Folge, daß es kein existenzsicherndes Einkommen gibt. Insofern wird unterschieden zwischen der Gründung im Nebenerwerb, neben einer Anstellung, und der im Zuerwerb, was z.B. die Selbständigkeit neben der Familienarbeit sein kann.

Doch es ist nicht nur der Wunsch nach Zu- oder Nebenerwerb, der Frauen den Weg in die Teilzeitselbständigkeit gehen läßt. In zahlreichen Branchen im Bereich der Dienstleistungen läßt sich als Soloselbständige in den ersten Jahren kaum ein Vollzeiteinkommen erwirtschaften, wenn nicht mit größerem Kapitaleinsatz gegründet wird. So ist die Teilzeitselbständigkeit nicht immer Wunscherfüllung, sondern oft auch notwendiges Durchgangsstadium.

Dabei ist die kleine Gründung nicht der einfachere Weg zum Erfolg. Viele Ablenkungen, kombiniert mit Zeit- und Geldmangel, können den Gründungsprozeß sehr in die Länge ziehen. Der unwiderstehliche Vorteil liegt jedoch in dem geringen wirtschaftlichen Risiko und der Möglichkeit, schon vorhandene private Ressourcen kostengünstig für den Start des Mini-Unternehmens nutzen zu können.

Im Prinzip haben Teilzeitselbständige dieselben Regeln zu befolgen wie andere Selbständige auch: Sie müssen ein wirtschaftliches Angebot so auf dem Markt präsentieren, daß es eine Chance hat – und sie müssen sich an die Vorschriften halten, die für Selbständige allgemein und für ihre spezielle Branche gelten.

Die Fragen, die Teilzeitselbständige sich häufig stellen, werden in den üblichen Existenzgründungsratgebern nur selten beantwortet: In diesem Buch werden die Besonderheiten geschildert, die sich vor allen Dingen dort ergeben, wo die selbständige Tätigkeit mit anderen Lebens- und Arbeitsverhältnissen kombiniert wird.

* Wie verträgt sich die Teilzeitselbständigkeit mit den Rahmenbedingungen von Elternzeit, Anstellung oder Arbeitslosigkeit?
* Welchen Einfluß hat die teilzeitselbständige Tätigkeit auf die bestehende sozialversicherungsrechtliche Absicherung, insbesondere die Kranken-, Renten- und Unfallversicherungen?
* Welchen neuen und zusätzlichen Anforderungen muß bei kleinen und Kleinstgründungen gegenüber dem Finanzamt Beachtung geschenkt werden?
* Welche Regeln gilt es außerdem noch zu beachten?

Um das komplexe Thema übersichtlicher zu gestalten, werden die einzelnen Fragen hauptsächlich an drei Fallgestaltungen aufgerollt, die in meiner Beratungs- und Seminarpraxis häufig vorkommen.

Die Angestellte
Martina G. ist Angestellte. Ihre Karrieremöglichkeiten sind begrenzt. Auch das Arbeitsklima hat sich im letzten Jahr erheblich verschlechtert. So sucht sie nach neuen Herausforderungen. Sie hat sich fortgebildet und will Organisationsberatung und Supervision für soziale Einrichtungen anbieten.

Die Familienhausfrau
Nicole M. ist verheiratet, hat zwei Kinder, für die der Betreuungs- und Erziehungsaufwand deutlich geringer geworden ist. Sie will raus aus dem Haus. Eine Anstellung in ihrem alten kauffraulichen Beruf findet sie trotz vieler EDV- und Bewerbungstrainings nicht

mehr. Also plant sie, einen Büro- und Buchhaltungsservice für Handwerksbetriebe aufzubauen.

Die Arbeitslose

Jenny K. ist Werbegrafikerin und Web-Designerin. Ihre Abteilung in einer großen Firma wurde aufgelöst. Eine neue Anstellung konnte sie bisher nicht finden. Sie bekommt Arbeitslosengeld und will nun im Rahmen der Arbeitslosigkeit eine selbständige Tätigkeit ausprobieren: Sie wird Kurse geben in Web-Design und eine kleine Grafikagentur für die neuen Selbständigen eröffnen.

Auf andere Lebenssituationen von Frauen – alleinerziehend, verpartnert, eheähnlich, Beamtin, Hartz IV, Elternzeit etc. – wird eingegangen, soweit es der Rahmen zuläßt.

Die Selbständigkeit von Schülerinnen und Studentinnen, Rentnerinnen und Pensionärinnen wird hier nicht thematisiert. Rentnerinnen, die im Nebenerwerb selbständig tätig werden wollen, sei der Ratgeber „Arbeiten neben der Rente. Das Handbuch für Selbständige und Angestellte" empfohlen.

Alle Informationen, die hier gegeben werden, basieren auf der Grundlage von Recherchen und gewissenhaften Prüfungen. Der Stand der Recherche ist der 30.6.2009.

Dennoch kann nicht der Anspruch auf Vollständigkeit und Richtigkeit erfüllt werden. Immer neue Sachverhalte werden gesetzlich geregelt, und bestehende Gesetze werden je nach politischer, sozialer oder ökonomischer Gegebenheit geändert, gelegentlich sogar rückwirkend. Daher haftet die Autorin nicht für die Richtigkeit und Vollständigkeit der gegebenen Informationen. Die Lektüre dieses Buches soll jedoch jede Teilzeitgründerin dazu befähigen zu wissen, welche Regelungen sie betreffen, wo diese zu finden sind und wo sie weitere Auskünfte bekommen kann.

Das Buch wurde überwiegend in weiblicher Form geschrieben, auch weil vorwiegend Frauen sich auf diesen Weg der Gründung begeben. Selbstverständlich gibt es auch Männer, die sich auf Teilzeitbasis selbständig machen. Sie werden hier die notwendigen Informationen finden. Sie sind es, die diesmal mitgemeint sind.

2. DIE SELBSTÄNDIGKEIT IM NEBENERWERB: EIN AUSFLUG IN DAS ARBEITSRECHT

Wer sich neben einer Festanstellung selbständig machen möchte, steht vor den Fragen: Darf ich das? Wen muß ich vorher fragen? Kann mir eine Nebentätigkeit verboten werden? Grundsätzlich darf jede Arbeitnehmerin mehrere sich zeitlich nicht überschneidende Beschäftigungen ausüben. Dies kann auch eine selbständige Tätigkeit sein – denn es gibt ein Grundrecht auf freie Entfaltung der Persönlichkeit und auf freie Berufsausübung. Dennoch kann es Einschränkungen von Nebentätigkeiten auf der Grundlage von Gesetzen, Tarifverträgen oder auch Arbeitsverträgen geben. Was also muß Martina G. beachten, wenn sie ihre nebenberufliche Selbständigkeit als Organisationsberaterin und Supervisorin aufbauen will?

a. Unzulässige Nebentätigkeiten

• Eine erste Einschränkung für Nebentätigkeit kann sich durch eine **zeitliche Überlastung** bei mehreren Tätigkeiten ergeben. Im Arbeitszeitgesetz ist – auch zum Schutz von Angestellten – festgelegt, daß Angestellte in der Regel nur bis zu 8 Stunden täglich bzw. 48 Stunden in der Woche arbeiten dürfen. Die Arbeitszeiten bei mehreren Arbeitgebern sind dabei zusammenzurechnen. Selbständige Tätigkeit ist jedoch vom Arbeitszeitgesetz nicht erfaßt. Insofern könnte Martina G. nach Dienstschluß noch unbegrenzt arbeiten. Dennoch gibt es hier Grenzen, denn die Angestellte schuldet der Arbeitgeberin die vertragliche Arbeit. Sie muß weiterhin für die vereinbarten Arbeitszeiten zur Verfügung stehen, und ihre Leistungsfähigkeit darf nicht durch die Nebentätigkeit – z.B. durch häufige Ermüdungserscheinungen, mangelnde Flexibiltät für vereinbarte Schichtdienste und Überstunden – beeinträchtigt werden. Wenn sie sich mit angestellter

11

und selbständiger Tätigkeit zusammengerechnet im Rahmen der Höchstgrenzen des Arbeitszeitgesetzes hält, wird Martina G. kaum etwas zu befürchten haben. Alles darüber hinaus kann zumindest zu einem Streitthema am Arbeitsplatz werden.

- Unzulässig wäre auch eine Nebentätigkeit, die dem **Erholungszweck des Urlaubs** widerspricht. Erlaubt sind jedoch Tätigkeiten, die einen Ausgleichscharakter haben. Das wäre der Fall, wenn Angestellte im Urlaub Schnorchelkurse geben. Ebenfalls zulässig wären in der Regel Nebentätigkeiten, die auch ohne Urlaub verrichtet werden könnten, also eher geringfügig sind. Martina G. entscheidet sich dafür, im bezahlten Urlaub ihre selbständige Tätigkeit ruhen zu lassen. Im Einzelfall ließe sich darüber streiten, welche selbständige Tätigkeit gegebenenfalls einer Erholung nicht im Wege steht. Letztendlich entscheiden die Arbeitsgerichte darüber. Erlaubt die Chefin hingegen die Nebentätigkeit im Urlaub, ist sie zulässig.

- Eine erhebliche Gefährdung der **Gesundheit** durch die selbständige Tätigkeit kann ebenfalls dazu führen, daß eine Nebentätigkeit unzulässig wird. Besondere Vorsicht ist geboten, wenn im Angestelltenverhältnis eine **Krankschreibung** vorgelegt wurde: Die Angestellte darf während einer Krankschreibung nichts tun, was den Heilungsprozeß verzögern könnte.

- Ein großes Thema im Arbeitsrecht ist die **wirtschaftliche Konkurrenz.** Die Angestellte ist ihrer Arbeitgeberin zu einem gewissen Maß an Treue und Loyalität verpflichtet. Das bedeutet unter anderem, daß sie einem Wettbewerbsverbot unterliegt – mit der Folge, daß die Arbeitnehmerin ohne Einwilligung ihrer Arbeitgeberin in deren Geschäftsfeld keine wirtschaftlich konkurrierende Tätigkeit aufnehmen darf.

- Die Angestellte darf mit ihrer Nebentätigkeit auch nicht gegen andere Pflichten verstoßen, die sich aus ihrem **Arbeitsvertrag** ergeben. Besonders vertragswidrig wäre es, wenn sie ihrer selbständigen Nebentätigkeit während der bezahlten Arbeitszeit nachgeht. Will Martina G. keine fristlose Kündigung riskieren, wird sie mit ihrer Kundschaft erst nach Feierabend telefonieren und ihre Beratungsunterlagen nicht am Arbeitsplatz kopieren.

Und was ist, wenn Martina G. im Arbeitsvertrag jegliche Nebentätigkeit verboten wird? Nicht selten steht dort so etwas wie: *„Während der Dauer des Arbeitsverhältnisses ist jede entgeltliche oder unentgeltliche Nebenbeschäftigung unzulässig."* Solche Klauseln sind nach der Rechtsprechung im allgemeinen unwirksam, da die Arbeitgeberin an einer so umfassenden Kontrolle der Arbeitnehmerin zumeist kein berechtigtes Interesse hat. Nur unter besonderen Umständen können derart weitgehende Beschränkungen der Privatsphäre der Arbeitnehmerin zulässig sein, z.b. dann, wenn sie den Betrieb der Arbeitgeberin nach außen repräsentiert, dementsprechend gut bezahlt wird und die Arbeitgeberin daher nicht nur die gesamte Arbeitskraft der Arbeitnehmerin beanspruchen kann, sondern auch bei der Gestaltung der Freizeit ein Wort mitzureden hat. Die Arbeitgeberin trägt nach der Rechtsprechung die Darlegungs- und Beweislast für die Umstände, aus denen sich ein berechtigtes Interesse an einer solchen Klausel ergibt.

In der Regel sind also zulässige Nebentätigkeiten erlaubt, und zwar auch dann, wenn im Arbeitsvertrag etwas anderes steht.

Ist eine Nebentätigkeit jedoch wirklich nach den oben genannten Kriterien unzulässig, kann sie von der Arbeitgeberin beanstandet, gegebenenfalls mit Auflagen versehen oder untersagt werden. Wird die Selbständigkeit dennoch ausgeübt, hängen die arbeitsrechtlichen Folgen vom Ausmaß des Verstoßes gegen arbeitsvertragliche oder gesetzliche Pflichten ab. Bekannte und gefürchtete arbeitsrechtliche Schritte sind vor allem die Abmahnung und die Kündigung, im schlimmsten Fall die fristlose Kündigung.

Voraussetzung für eine berechtigte fristlose Kündigung wäre jedoch eine erhebliche Vertragsverletzung, wie sie z.b. die rechtlich unzulässige Konkurrrenz darstellen kann. Bei geringfügigeren Verstößen könnte eine Abmahnung durch die Arbeitgeberin folgen.

Letztlich hängt es vom Einzelfall ab, wann eine unzulässige Nebentätigkeit vorliegt und welche Sanktion dafür gerechtfertigt ist. Entschieden wird es im Zweifelsfall von den Arbeitsgerichten.

b. Anzeige-, Informations- oder Genehmigungspflichten

Eine andere Frage, die sich im Spannungsfeld nebenberuflicher Selbständigkeit ergibt, ist die nach dem Vorgehen gegenüber der Arbeitgeberin. Martina G. will wissen, ob sie ihrer Arbeitgeberin die Nebentätigkeit mitteilen muß oder gar eine Erlaubnis braucht. Das hängt davon ab, was in Gesetzen, Tarif- oder Arbeitsvertrag steht.

• **Beamtenrecht**
In § 40 des BeamtStG heißt es:
  „Eine Nebentätigkeit ist grundsätzlich anzeigepflichtig."
Doch in den Spezialgesetzen für diverse Beamtengruppen steht die Nebentätigkeit unter Erlaubnisvorbehalt. Genehmigungsfrei, jedoch anzeigepflichtig sind meist schriftstellerische, wissenschaftliche, künstlerische oder Vortragstätigkeiten, wie z.b. in § 51 des Landesbeamtengesetzes für NRW oder in § 100 des Bundesbeamtengesetzes.

Wäre Martina G. Beamtin, wird sie vor Beginn aller anderen Tätigkeiten bei ihrer Dienststelle schriftlich eine Genehmigung für ihre Selbständigkeit beantragen. Sie wird darlegen, was sie vorhat, für wen sie tätig werden will, wieviel Zeit sie für ihr Unternehmen aufwenden und was sie voraussichtlich verdienen wird.

Die Nebentätigkeit kann ihr nur versagt werden, wenn dienstliche Interessen dagegen sprechen, z.b.:
• Wenn durch sie die Arbeitskraft von Martina G. beeinträchtigt wird. Dies wird immer dann angenommen, wenn die gesamte wöchentliche Arbeitszeit 20 % der regelmäßigen Arbeitszeit überschreitet. Die Grenzen der regelmäßigen wöchentlichen Arbeitszeit sind in den Arbeitszeitverordnungen der jeweiligen Beamtengruppen nachzulesen.
• Wenn Martina G. durch sie in einen Interessenkonflikt mit ihrem Arbeitgeber gerät. Das kann der Fall sein, wenn ihre Nebentätigkeit Themen und Gebiete betrifft, auf denen die Behörde, für die sie arbeitet, tätig ist oder werden kann. Auch darf die Nebentätigkeit die verlangte Unparteilichkeit und Unbefangenheit der Beamtin nicht beeinflussen.

- Wenn sie dem Ansehen der öffentlichen Verwaltung abträglich sein kann.

Liegt kein solcher Versagungsgrund vor, muß die Nebentätigkeit von Martina G. genehmigt werden. Die Genehmigung kann bedingt, befristet oder mit Auflagen erteilt werden. Die Geltungsdauer der Genehmigung beträgt in der Regel maximal fünf Jahre, und sie ist jederzeit widerrufbar. Wird die Beamtin versetzt, erlischt die Nebentätigkeitsgenehmigung.

In den Nebentätigkeitsverordnungen (NTV) für die jeweiligen Beamtengruppen sind die Bedingungen beschrieben, wie Beamte ihre Einnahmen aus der Nebentätigkeit offenzulegen haben. Einnahmen aus der Nebentätigkeit können – je nach Nebentätigkeitsverordnung des Arbeitgebers – unter bestimmten Bedingungen der Ablieferungspflicht unterliegen.

- **Tarifverträge im Öffentlichen Dienst**
In den Tarifverträgen für den Öffentlichen Dienst ist jeweils in § 3 zu lesen:

„Nebentätigkeiten gegen Entgelt haben die Beschäftigten ihrem Arbeitgeber rechtzeitig vorher schriftlich anzuzeigen. Der Arbeitgeber kann die Nebentätigkeit untersagen oder mit Auflagen versehen, wenn diese geeignet ist, die Erfüllung der arbeitsvertraglichen Pflichten der Beschäftigten oder berechtigte Interessen des Arbeitgebers zu beeinträchtigen."

Außerdem kann es Ablieferungspflichten für Nebentätigkeiten im Öffentlichen Dienst geben.

Es gibt ein paar Sonderregelungen im Tarifvertrag der Länder:
- Ärztinnen und Ärzte unterliegen nach §§ 41–42 weiterhin den Vorschriften des Beamtenrechts, d.h. sie müssen einen Antrag auf Nebentätigkeitsgenehmigung stellen.
- Beschäftigte an Hochschulen und Forschungseinrichtungen müssen auch unentgeltliche Nebentätigkeiten anzeigen (§ 40).

Nehmen wir an, Martina G. ist städtische Angestellte, dann gilt für sie der TV-ÖD, und sie muß ihrem Arbeitgeber die geplante Nebentätigkeit rechtzeitig und schriftlich anzeigen.

Was rechtzeitig ist, beurteilt sich laut Durchführungsverordnung des Bundesinnenministeriums

„...nach den Umständen des Einzelfalles... Anhaltspunkte können Art, Zeitdauer und Umfang der Nebentätigkeit sein sowie die sich daraus ergebenden Belastungen. Gegebenenfalls ist auch zu berücksichtigen, wie lange die/der Beschäftigte von der Aufnahme der Tätigkeit Kenntnis hatte. Bei einfachen Nebentätigkeiten wie etwa das Austragen von Zeitungen kann ein zeitlicher Vorlauf von mehreren Tagen ausreichen."

Bei der Mitteilung der Nebentätigkeit wird Martina G. Angaben machen müssen über Beginn, Art, Inhalt und Umfang der geplanten Tätigkeit, auch damit die Arbeitgeberin überprüfen kann, ob eine zulässige oder unzulässige Nebenarbeit vorliegt.

Ist der Arbeitgeberin die Nebentätigkeit recht, wird sie ihre Zustimmung mitteilen. Wenn nicht, wird sie die Nebentätigkeit verbieten. Auch einschränkende Auflagen kann sie machen, wenn betriebliche Erfordernisse das verlangen. Voraussetzung ist jedoch für beides die Beeinträchtigung der Erfüllung arbeitsvertraglicher Pflichten oder die Verletzung berechtigter Interessen des Arbeitgebers.

Ist die Nebentätigkeit nach Art und Umfang zulässig und untersagt die Arbeitgeberin dennoch die Tätigkeit, bleibt nur der Weg zum Arbeitsgericht. Dort muß auf Abgabe einer Zustimmungserklärung zu der beabsichtigten Nebentätigkeit geklagt werden.

• Der Arbeitsvertrag

Lassen sich weder im Gesetz noch im Tarifvertrag Informations- oder Genehmigungspflichten für die Aufnahme einer Nebentätigkeit finden, gilt der Arbeitsvertrag.

Gibt es im Arbeitsvertrag keine Regelung über eine Nebentätigkeit, kann eine zulässige selbständige Tätigkeit auch ohne Erlaubnis des Arbeitgebers aufgenommen werden. Das ergibt sich daraus, daß die Arbeitnehmerin über die vertraglich vereinbarte Arbeitszeit hinaus grundsätzlich machen kann, was sie möchte.

Das heißt aber nicht, daß in diesen Fällen jede Nebentätigkeit erlaubt ist und keinerlei Informationspflichten bestehen.

Arbeitsvertragliche Vereinbarungen

Der Arbeitgeberin ist es nicht gestattet, Nebentätigkeiten generell zu verbieten oder sie von ihrer Genehmigung abhängig zu machen: Eine solche Klausel im Arbeitsvertrag wäre nichtig.

Im Arbeitsvertrag von Jenny K. fand sich folgende Klausel: *„Nebentätigkeiten bedürfen der vorherigen Zustimmung des Arbeitgebers."* Eine solche Bestimmung ist gerichtlich durchaus haltbar. Für Jenny K. ergibt sich daraus die Pflicht, ihre Arbeitgeberin zu informieren. Diese muß der Nebentätigkeit zustimmen, wenn sie zulässig ist, d.h. wenn sie berechtigten betrieblichen Interessen nicht widerspricht.

In anderen Arbeitsverträgen steht: *„Alle Nebentätigkeiten sind dem Arbeitgeber anzuzeigen."* Auch an eine solche vertragliche Informationspflicht müssen sich Angestellte halten. Der Arbeitgeberin soll dadurch ja nur die Überprüfung ermöglicht werden, ob die angezeigte Nebentätigkeit zulässig oder unzulässig ist.

Solange die hauptberufliche Tätigkeit unter dem Nebenerwerb nicht leidet und mit dem Wettbewerbsverbot nicht in Konflikt gerät, hat die Arbeitgeberin kaum Möglichkeiten und auch keine Veranlassung, den Nebenerwerb zu untersagen.

Wer ohne die vereinbarte Informationspflicht zu erfüllen mit der Nebentätigkeit beginnt, verletzt eine Vertragspflicht und riskiert eine Abmahnung. Dabei ist es völlig egal, ob die Tätigkeit eigentlich zulässig wäre.

Besteht weder im Tarifvertrag noch im Arbeitsvertrag eine Pflicht zur Anzeige der Nebentätigkeit, muß die Angestellte ihre Nebentätigkeit der Arbeitgeberin dennoch immer dann anzeigen, wenn die Gefahr besteht, daß sie damit berechtigte Interessen der Arbeitgeberin bedroht, die Nebentätigkeit also unzulässig sein könnte.

c. Stundenreduzierung im Hauptarbeitsverhältnis?

Manchmal ist es einfach besser, für den Aufbau und Ausbau der nebenberuflichen selbständigen Tätigkeit mehr Zeit zu haben.

Martina G. ist sehr daran interessiert, ihre wöchentliche Arbeitszeit in der Anstellung zu reduzieren, damit sie mehr Zeit und Energie für die selbständige Nebentätigkeit hat.

§ 8 des Teilzeit- und Befristungsgesetzes (TzBfG) sagt dazu:

(1) Ein Arbeitnehmer, dessen Arbeitsverhältnis länger als sechs Monate bestanden hat, kann verlangen, daß seine vertraglich vereinbarte Arbeitszeit verringert wird.

(2) Der Arbeitnehmer muß die Verringerung seiner Arbeitszeit und den Umfang der Verringerung spätestens drei Monate vor deren Beginn geltend machen. Er soll dabei die gewünschte Verteilung der Arbeitszeit angeben.

(3) Der Arbeitgeber hat mit dem Arbeitnehmer die gewünschte Verringerung der Arbeitszeit mit dem Ziel zu erörtern, zu einer Vereinbarung zu gelangen. Er hat mit dem Arbeitnehmer Einvernehmen über die von ihm festzulegende Verteilung der Arbeitszeit zu erzielen.

(4) Der Arbeitgeber hat der Verringerung der Arbeitszeit zuzustimmen und ihre Verteilung entsprechend den Wünschen des Arbeitnehmers festzulegen, soweit betriebliche Gründe nicht entgegenstehen. Ein betrieblicher Grund liegt insbesondere vor, wenn die Verringerung der Arbeitszeit die Organisation, den Arbeitsablauf oder die Sicherheit im Betrieb wesentlich beeinträchtigt oder unverhältnismäßige Kosten verursacht.

Diesen Anspruch auf Verringerung der Arbeitszeit gibt es jedoch nur ab einer bestimmten Betriebsgröße: Die Arbeitgeberin muß in der Regel mehr als fünfzehn ArbeitnehmerInnen beschäftigen, wobei Auszubildende nicht mitzählen.

Mittlerweile gibt es zu dieser Regelung erste Urteile des Bundesarbeitsgerichts. Demnach dürfen die Arbeitszeitwünsche einer Angestellten die unternehmerische Aufgabenstellung sowie das daraus folgende Organisationskonzept nicht wesentlich beeinträchtigen.

Hier hatten in der Vergangenheit vor allem Erzieherinnen Pech mit ihrem Wunsch auf Stundenreduzierung und familienfreundliche Arbeitszeiten. Pädagogische Konzepte und Kindesinteressen an einer täglichen kontinuierlichen Betreuung können wichtige betriebliche Belange von Kinderbetreuungseinrichtungen sein, die einer Arbeitszeitverkürzung im Wege stehen. Eine Sozialarbeiterin hatte in ihrem Prozeß mehr Glück: Die kirchliche Arbeitgeberin durfte nicht einfach abstrakten erhöhten Koordinierungsbedarf oder Reibungsverluste bei Übergaben als Ablehnungsgrund für eine Stundenreduzierung aufführen.

Wenn Martina G. nach einem Jahr Arbeitszeitverkürzung feststellen sollte, daß ihr eigenes Geschäft noch mehr Zeit braucht und sie ihre Stundenzahl weiter reduzieren will, könnte sie Pech haben, denn in § 8 TzBfG steht auch:

(6) Der Arbeitnehmer kann eine erneute Verringerung der Arbeitszeit frühestens nach Ablauf von zwei Jahren verlangen, nachdem der Arbeitgeber einer Verringerung zugestimmt oder sie berechtigt abgelehnt hat.

Vor Ablauf von zwei Jahren muß die Arbeitgeberin also mitspielen.

Und wenn Martina G. nach ein paar Jahren ihre selbständige Tätigkeit wieder aufgibt? Nach § 9 desselben Gesetzes hat sie einen grundsätzlichen Anspruch auf Verlängerung der Arbeitszeit, so daß es einen Weg zurück in die Vollzeitanstellung gibt – zumindest theoretisch. Die Verlängerung der Arbeitszeit kann nämlich verweigert werden, wenn dringende betriebliche Gründe oder Arbeitszeitwünsche anderer Teilzeitbeschäftigter entgegenstehen.

Literatur:

Teilzeit – alles was Recht ist, Rechtliche Rahmenbedingungen für Arbeitnehmer und Arbeitgeber, hg. vom Bundesministerium für Arbeit und Soziales, Referat Information, Publikation, Redaktion, Postfach 500, 53107 Bonn

Internet: www.teilzeit-info.de

d. Zusammenfassung

Wer sich nebenberuflich selbständig machen möchte, sollte sich informieren:
- Welche Gesetze gelten für meine Branche?
- Gibt es einen Tarifvertrag, der die Rahmenbedingungen festlegt?

- Was steht in meinem Arbeitsvertrag?
- Laufe ich Gefahr, durch meine Tätigkeit die Interessen meiner Arbeitgeberin zu verletzen – also: Mache ich ihr Konkurrenz? Oder laufe ich Gefahr, nicht mehr ordentlich für den Betrieb zu arbeiten?

Das sind die Grundlagen, auf denen eine Nebentätigkeit eingeschränkt werden kann. Werden die Pflichten aus diesen Regelungen verletzt, kann das zu Abmahnung und auch zur fristlosen Kündigung, unter Umständen sogar zu Schadensersatzpflichten führen. Werden diese Dinge beachtet, kann eine Nebentätigkeit nicht verboten werden.

Wird eine an sich zulässige Nebentätigkeit nicht genehmigt oder verboten, bleibt nur der Weg vor das Arbeitsgericht. Erfahrungsgemäß wird der nicht gern beschritten, denn was nutzt es der Arbeitnehmerin, wenn sie recht hat, aber ihr Arbeitsplatz durch den Rechtsstreit erheblich unangenehmer und möglicherweise auch unsicherer wird.

Da die Materie des Arbeitsrechts sehr kompliziert ist, sollten sich Betroffene bei ihren Personalräten bzw. bei den Berufsorganisationen oder den Gewerkschaften informieren.

3. TEILZEITSELBSTÄNDIG IN DER ELTERNZEIT

Elternzeit und Nebentätigkeit

In der Elternzeit bleibt das Angestelltenverhältnis erhalten. Während dieser Zeit darf eine Angestellte mit Zustimmung der Arbeitgeberin eine Nebentätigkeit – auch eine selbständige – von bis zu 30 Stunden die Woche ausüben. Gegebenenfalls darf eine Tagespflegeperson in der Elternzeit auch mehr arbeiten, sofern sie nicht mehr als fünf Kinder betreut.

Die Nebentätigkeit kann von der Arbeitgeberin innerhalb von 4 Wochen aus dringenden betrieblichen Gründen schriftlich abgelehnt werden. Wer in der Elternzeit eine Nebentätigkeit ohne Zustimmung der Arbeitgeberin ausübt, riskiert arbeitsrechtliche Folgen wie Abmahnung und Kündigung.

Doch wenn in dieser Zeit Einkünfte erzielt werden, kann das zur Kürzung des Elterngeldes führen, da sich dessen Höhe nach dem Einkommensausfall in der Elternzeit bemisst: Ausgezahlt werden 67 % der Differenz zwischen dem vor und dem nach der Geburt zu berücksichtigenden Erwerbseinkommen, mindestens jedoch 300 Euro. Als Einkommen bei Selbständigen zählt der Gewinn, der nach Einkommensteuerrecht ermittelt wird. Dieser wird noch um zu zahlende Einkommensteuer, Solidaritätszuschlag, Kirchensteuer, gegebenenfalls Pflichtbeiträge in die Sozialversicherungen bereinigt.

Umstritten ist oft die Berechnung des anrechenbaren Einkommens der Selbständigen vor und nach der Geburt. Zahlreiche Auseinandersetzungen mit den Elterngeldkassen sind bekannt. Um den Elterngeldanspruch nicht unnötig zu verringern, sollten Selbständige sehr darauf achten, daß ihre Einkünfte im Jahr vor der Geburt optimiert und in der Zeit danach nicht noch hohe alte Rechnungen von der Kundschaft zu zahlen sind. Auch die Verteilung der Betriebsausgaben in diesen Zeiten verlangt eine gewisse Aufmerksamkeit. Üblich ist bisher eine vorläufige Schätzung des zukünftigen Einkommens und ein vorläufiger Bewilligungsbescheid für das Elterngeld. Neu berechnet wird dies dann, wenn über den betreffenden Zeitraum die Gewinnermittlung abschließend vorgelegt werden kann.

Beispiele für Einkommensanrechnung auf Elterngeld

Vor der Geburt ihres Kindes hat Gaby W. 1.500 Euro verdient. Die Höhe des Elterngeldes beträgt dann 1.005 Euro im Monat (67 %), wenn nicht gearbeitet wird. Nach einem halben Jahr startet Gaby W. mit einer selbständigen Tätigkeit als Freie Referentin mit einem bereinigten Gewinn von durchschnittlich 500 Euro im Monat. Der Einkommensausfall (die Differenz zwischen Einkommen vor der Elternzeit und in der Elternzeit) beträgt nur noch 1.000 Euro. Nur auf diese Differenz wird das Elterngeld gezahlt, also bekommt Gaby W. nur noch 670 Euro ausgezahlt.

Petra K. hatte vor der Geburt ihres Kindes nur Einkommen von 400 Euro monatlich. Sie bekommt dann ein Elterngeld von 388 Euro monatlich – also etwas mehr als 67 %, da sie Geringverdienerin ist. Wenn sie nun nach einiger Zeit wieder arbeitet und einen bereinigten Gewinn von durchschnittlich 200 Euro im Monat erwirtschaftet, wäre zu erwarten, daß sie nur noch ein Elterngeld in Höhe von 67 % von 200 Euro bekommt, also 134 Euro. Doch sie bekommt 300 Euro ausgezahlt – den Sockelbetrag, der immer ausgezahlt wird.

Literatur:

Elterngeld, Elternzeit, hg. vom Bundesministerium für Familie, Senioren, Frauen und Jugend, 11018 Berlin.

Internet:

www.elterngeld.net

www.elterngeldrechner.de

Es gibt ein internes Papier des Familienministeriums, das unter Richtlinie BEEG auf verschiedenen Internetseiten zu finden ist.

4. ARBEITSLOSENGELD I UND DIE TEILZEITSELBSTÄNDIGKEIT

Jenny K., die arbeitslose Werbegrafikerin, will sich nicht sofort selbständig machen, sondern erst den Markt für ihre Arbeit testen. Geht das neben Arbeitslosengeld I und mit welchen Folgen? Grundsätzlich ist es Arbeitslosen möglich, neben dem Bezug von Arbeitslosengeld ein Einkommen zu erwirtschaften. Dies kann sowohl durch selbständige Tätigkeit als auch durch eine abhängige Beschäftigung geschehen. Jenny K. muß ihre Nebentätigkeit vor Beginn der Arbeitsagentur melden.

Die Grenzen der Nebentätigkeit
Entscheidendes Kriterium für die Zulässigkeit der Nebentätigkeit ist allein, ob Jenny K. in der Woche weniger als 15 Stunden oder aber 15 Stunden und mehr arbeitet. Sind es weniger als 15 Stunden – also maximal 14 Stunden und 59 Minuten – in der Woche, gilt Jenny K. weiterhin als verfügbar für die Vermittlung auf den Arbeitsmarkt, sie hat damit einen grundsätzlichen Anspruch auf Arbeitslosengeld und ist über die Arbeitsagentur renten- und krankenversichert.

Gibt Jenny K. in einer Woche ein Seminar über die Gestaltung von Werbeunterlagen von 12 Stunden, liegt die Anzahl der Seminarstunden zwar unter 15, jedoch kann es gut sein, daß die Arbeitsagentur pro Seminarstunde eine Stunde Vor- und Nachbereitung rechnet. Damit kommt Jenny K. auf 24 Stunden und muß sich mit der Arbeitsagentur streiten, warum sie diese Vor- und Nachbereitungszeiten gar nicht braucht. Oder sie liest weiter bei dem Abschnitt: Abmeldung bei größerem Arbeitsaufwand. Dauert das Seminar 6 Stunden, bleibt sie auch bei zugerechneter Vor- und Nachbereitungszeit unterhalb der 15-Stunden-Grenze.

Bei einer Nebentätigkeit von unter 15 Stunden in der Woche kann das Nebeneinkommen Einfluß auf die Höhe des Arbeitslosengeldes haben.

Anrechnung des Nebeneinkommens

Jenny K. wird ihre Einnahmen offenlegen müssen. Wie und wann diese Abrechnung vorgenommen werden soll, ist in der Leistungsabteilung der jeweiligen Arbeitsagentur zu erfahren, denn es gibt durchaus regionale Besonderheiten. Weit verbreitet ist die monatliche Abrechnung.

Zu beachten ist zunächst, daß nicht jedes Nebeneinkommen den Arbeitslosengeldanspruch mindert. Nicht angerechnet werden z.B.

- Entgelte in Höhe des Pflegegeldes, wenn die Pflegetätigkeit nicht mit dem Ziel ausgeführt wird, daraus ein Einkommen zu erzielen, sondern in erster Linie, um sittliche und moralische Pflichten wie die Pflege von Angehörigen zu erfüllen.
- Aufwandsentschädigungen i.S. des § 3 Nr. 26 EStG bis zur Höhe von insgesamt 2.100 Euro im Jahr bzw. 175 Euro im Monat, das ist die Übungsleitung, die im Kapitel „Besonderheiten des Steuerrechts" beschrieben ist.

Als Selbständige kann Jenny K. von ihren Einnahmen eine Pauschale von 30 % für die betrieblichen Ausgaben abziehen. Bei Einnahmen von 500 Euro beträgt diese Pauschale 150 Euro. Waren die tatsächlichen Betriebsausgaben höher als 30 % der Einnahmen, kann Jenny K. auch einen Einzelnachweis führen. Betriebliche Ausgaben sind in der Regel alle Aufwendungen, die durch die selbständige Tätigkeit veranlaßt sind.

Jenny K. hatte hohe Betriebsausgaben, und ihre Monatsabrechnung könnte folgendermaßen aussehen:

Einnahmen aus Seminaren	500,– €	
./. Ausgaben	30,– €	Porto
	50,– €	Werbung
	10,– €	Telefonkosten
	50,– €	Fahrtkosten
	15,– €	Fachliteratur
	<u>20,– €</u>	<u>Druckerpatrone</u>
	<u>175,– €</u>	<u>Betriebsausgaben</u>
	325,– €	**Gewinn**

Von diesem bereinigten Nettoeinkommen können noch anteilige Steuern und ein Freibetrag von 165 Euro im Monat abgezogen werden.

325 € Gewinn
./. 165 € Freibetrag
= 160 €

Jenny K. werden in diesem Fall 160 Euro vom Arbeitslosengeld abgezogen.

Besondere Regelungen gibt es für Arbeitslosengeldempfängerinnen, die innerhalb der letzten 18 Monate vor der Entstehung des Arbeitslosengeldanspruchs parallel zu ihrer Anstellung mindestens 12 Monate eine selbständige Nebentätigkeit von weniger als 15 Stunden in der Woche ausgeübt haben. Diese Arbeitslosen können anrechnungsfrei mehr als 165 Euro im Monat dazuverdienen, nämlich den Betrag, den sie in den letzten 12 Monaten an Gewinn erwirtschaftet haben.

Hätte Jenny K. neben ihrer früheren Anstellung selbständig gearbeitet, dürfte sie diese Tätigkeit fortsetzen. Hat sie mit der Selbständigkeit in den letzten 12 Monaten nachweislich einen Gewinn von z.B. 4.500 Euro erwirtschaftet, darf sie monatlich 375 Euro dazuverdienen, ohne daß ihr Arbeitslosengeld gekürzt wird.

Als Nachweis für die Höhe des früheren Verdienstes gilt allgemein der zu versteuernde Gewinn aus der Einkommensteuererklärung.

Abmeldung bei einem größeren Auftrag

Wer 15 Stunden und mehr in der Woche arbeitet, muß sich bei der Arbeitsagentur abmelden.

Wenn Jenny K. einen größeren Auftrag hat, so daß sie mit 14 Stunden und 59 Minuten Arbeitszeit in der Woche nicht auskommt, meldet sie sich ab. Das kann für zwei Tage oder mehr sein, sogar Wochen und Monate.

In diesem Zeitraum kann sie arbeiten und verdienen, soviel sie will – die Arbeitsagentur zahlt schließlich keine Unterstützung mehr.

Jenny K. muß in dieser Zeit jedoch ihre Beiträge zur Krankenversicherung selber zahlen und an ihre Altersvorsorge denken. Was sie da bedenken muß und wie teuer das ist, kann in den Kapiteln zur Kranken- und Rentenversicherung nachgelesen werden. Ist der Auftrag beendet, kann sich Jenny K. wieder arbeitslos melden, sie bekommt wieder Arbeitslosengeld, die Beiträge zur Renten- und Krankenversicherung bezahlt die Arbeitsagentur. Dauert die Abmeldung länger als 6 Wochen, wird sich Jenny erneut persönlich arbeitslos melden. Unterhalb dieser Zeitgrenze reicht in der Regel ein Anruf oder Brief. Dieses An- und Abmeldeverfahren funktioniert so lange, wie Jenny K. Ansprüche auf Arbeitslosengeld hat.

Der Vorteil der selbständigen Nebentätigkeit in der Arbeitslosigkeit liegt für Jenny K. darin, daß sie in der ersten Zeit der Unternehmensgründung voraussichtlich keinen Einkommensüberschuß erzielt und ihr dementsprechend nichts oder nur wenig vom Arbeitslosengeld abgezogen werden kann. Gleichzeitig bleibt sie im Schutzbereich der Arbeitslosenversicherung (inklusive Kranken- und Rentenversicherung).

Wenn Jenny K. im Rahmen des sozialen Netzes „Arbeitsagentur" den Markt getestet hat und zu dem Ergebnis kommt, daß eine hauptberufliche Selbständigkeit für sie realistisch möglich ist, kann sie den Absprung wagen und den Antrag auf den Gründungszuschuß stellen. Dazu geht es dann weiter im Kapitel zur Förderung für Arbeitslose.

Wichtige Hinweise auf Besonderheiten

- Die Grenzen der Selbständigkeit neben dem Bezug von Leistungen der Arbeitsagentur bestehen in der Vermittelbarkeit: Die Arbeitsagentur kann weiter Stellenangebote schicken, denen die Arbeitslosen nachgehen müssen. Ebenfalls ist die Selbständigkeit kein Hinderungsgrund für die von der Arbeitsagentur empfohlene Teilnahme an einer Weiterbildungsmaßnahme.
- Wer aus einer selbständigen Nebentätigkeit in eine hauptberufliche selbständige Tätigkeit wechselt, sollte darauf achten, daß in der Zeit vor Beginn der Förderung wenig oder kein anrechenbarer Nebenverdienst anfällt. Denn der Gründungszuschuß bemißt

sich nach dem vorherigen Leistungsbezug. War dieser wegen der Anrechnung von Nebeneinkommen gekürzt, wird auch der Gründungszuschuß nur in gekürzter Höhe gezahlt.

Weitere Informationen:
Arbeitslosen-Telefonhilfe 040-22 75 74 73 (gegen Telefongebühr)
0800 111 0 444 (kostenlos für Hamburg)

Literatur:
Arbeitslosenprojekt Tu Was, *Leitfaden für Arbeitslose,* Fachhochschulverlag Frankfurt/Main.

Internet:
www.arbeitsagentur.de
Unter dem Menüpunkt Veröffentlichungen ist der Unterpunkt Weisungen zu finden. Dort sind aktuelle Durchführungsanweisungen zum Arbeitslosengeld veröffentlicht, auch zur Anrechnung von Nebeneinkommen nach $ 141 SGB 3.

5. ARBEITSLOSENGELD II
UND DER NEBENVERDIENST

Auch der Bezug des sogenannten „Hartz IV" schließt eine selbständige Tätigkeit nicht aus. Es gibt keine Stundenregel wie bei der Arbeitsagentur, doch kann die Höhe des Nebeneinkommens ebenfalls Einfluß auf die Höhe dieser Unterstützung durch die ARGE oder die Jobcenter der jeweiligen Kommunen haben.

Bei selbständiger Tätigkeit gilt der Gewinn als anrechenbares Einkommen. Das sind alle Betriebseinnahmen, die tatsächlich zugeflossen sind, abzüglich der nachgewiesenen tatsächlichen Betriebsausgaben. Allerdings gilt bei der Definition der Betriebsausgaben hier nicht das Steuerrecht, in der Durchführungsanweisung heißt es nur, daß die Ausgaben angemessen, verhältnismäßig und notwendig sein müssen. Es ist ratsam, vor größeren Ausgaben für Werkzeuge, Werbung oder Ähnliches die Sachbearbeitung zu konsultieren, ob dies auch anerkannt wird. Bei den Fahrtkosten gibt es die Besonderheit, daß für ein überwiegend privat genutztes Fahrzeug nur eine Pauschale von 0,10 Euro je gefahrenen Kilometer angesetzt werden kann, es sei denn, die Kosten waren nachweislich höher. Handelt es sich um ein überwiegend beruflich genutztes Auto, dürfen alle tatsächlichen angemessenen und notwendigen Kosten geltend gemacht werden, abzüglich von 0,10 Euro je privat gefahrenen Kilometer.

Können Betriebsausgaben nicht nachgewiesen werden, werden sie ausnahmsweise pauschal mit 20 % der Einnahmen angesetzt.

Von dem errechneten monatlichen Gewinn können Selbständige die gezahlten Einkommensteuern und Pflichtbeiträge zu Sozialversicherungen abziehen. Darüber hinaus gibt es einen Pauschalfreibetrag für Beiträge zu freiwilligen Versicherungen in Höhe von 100 Euro. Hat die Selbständige höhere Vorsorge- und Versicherungsbeiträge gezahlt, kann sie die Kosten nur geltend machen, wenn ihr Gewinn über 400 Euro im Monat liegt.

Von der Summe, die nach Abzug der 100-Euro-Pauschale noch übrig bleibt, gibt es einen richtigen Freibetrag von 20 % für den

Betrag, der unter 800 Euro liegt. Für Gewinne zwischen 800 und 1.200 Euro im Monat liegt der Freibetrag nur noch bei 10 %. Diese 10 % gibt es auch für Gewinne bis 1.500 Euro – jedoch nur, wenn die Selbständige mit mindestens einem minderjährigen Kind in Bedarfsgemeinschaft lebt oder ein solches Kind hat.

Vielleicht hilft ein **Beispiel,** um diese komplizierte Rechnerei zu verdeutlichen: Klara Berg fand nach der Beendigung ihres musik-wissenschaftlichen Studiums keine Anstellung und bezieht Arbeits-losengeld II. Sie unterrichtet stundenweise in verschiedenen Kindergärten Musikalische Früherziehung. Diese Arbeit gibt sie bei der ARGE an und macht dort eine Abrechnung über ihre selbständi-ge Tätigkeit, die etwa so aussehen könnte:

Summe der Einnahmen aus Unterricht im Monat	340,00 €
abzüglich Betriebsausgaben	- 85,00 €
durchschnittlicher monatlicher Gewinn	255,00 €
abzüglich Grundfreibetrag	- 100,00 €
übersteigender Betrag	155,00 €
davon 20 % als weiterer Freibetrag abgezogen	- 31,00 €
Voraussichtlich werden Klara Berg vom Arbeitslosengeld II abgezogen	124,00 €
Insgesamt hat sie dann einen monatlichen Freibetrag von durchschnittlich	131,00 €

Ist der Gewinn von Klara Berg höher als 400 Euro, gibt es gege-benenfalls andere Freibeträge.

Summe der Einnahmen aus Unterricht im Monat	1.300,00 €
abzüglich Betriebsausgaben	- 285,00 €
anrechenbares Einkommen	1.015,00 €
abzüglich Grundfreibetrag	- 100,00 €
abzüglich 20 % von max. 700 €	- 140,00 €
davon 10 % Freibetrag von 215,00 €	- 21,50 €
Der gesamte Freibetrag liegt damit bei	261,50 €
Vom Gewinn darf Klara Berg auch ihre anteiligen Steuern und ggf. den Pflichtbeitrag zur KSK abziehen; hier	150,00 €
Klara Berg werden voraussichtlich abgezogen	603,50 €

Wenn Klara Berg zur Ausübung ihrer Berufstätigkeit für ihre Tochter eine Kinderbetreuung benötigt, wird sie auf jeden Fall die Kosten dafür zusätzlich geltend machen!

Da das Arbeitslosengeld II in der Regel für 6 Monate bewilligt wird, soll der Gewinn für diesen Zeitraum im voraus geschätzt werden. Nach Abzug von Freibeträgen wird dieses Einkommen bei der vorläufigen Bewilligung anteilig auf die monatliche Zahlung angerechnet. Üblich ist dann die monatliche Neuberechnung des Anspruchs auf Grundlage der tatsächlichen Einnahmen und Ausgaben, nachgewiesen z.B. anhand eines Kassenbuchs. Ein ziemlicher Verwaltungsaufwand für alle Beteiligten. Erweist sich, daß Klara Berg mehr verdient hat als angenommen, wird ihr zuviel gezahlte Unterstützung wieder abgezogen und umgekehrt: Wenn sie weniger eingenommen hat, bekommt sie eine Nachzahlung.

Leider ist es so, daß selbständige Tätigkeit grundsätzlich zwar neben dem Bezug von Hartz IV möglich ist, doch wird es erfahrungsgemäß schwierig, wenn das Einverständnis der zuständigen Sachbearbeitung fehlt. Wenn die Wiedereingliederungsvereinbarung von Klara Berg zugunsten einer Qualifizierung oder von Bewerbungen auf Anstellung die Einschränkung oder Aufgabe der Selbständigkeit verlangt, bleibt nur der Rechtsweg.

Besonderheiten bei einigen Einkommensarten
Einige Einkommen werden auch beim Arbeitslosengeld II nicht unbedingt oder nur begrenzt angerechnet.
- **Einkommen aus Tagespflege**
  Seit 2007 ist die Anrechnung von Einkommen aus der Tagespflege neu geregelt. Die Vergütung bei der Vollzeit- und Tagespflege setzt sich aus dem Pflegegeld (Aufwendungsersatz) und einem Erziehungsbeitrag (Anerkennung für den erzieherischen Einsatz) zusammen. Der Aufwendungsersatz ist kein anrechenbares Einkommen beim Arbeitslosengeld II. Die Anrechnung des Pflegegelds staffelt sich nach Anzahl der Pflegekinder:
  1. und 2. Pflegekind keine Anrechnung,
  3. Pflegekind 75 % Anrechnung,
  weitere Pflegekinder werden voll angerechnet.

Erhält die Tagesmutter jedoch ihre Bezahlung nicht als Pflegegeld nach dem Kinder- und Jugendhilfegesetz, sondern von Pri-
vatzahlerinnen, wird dies als Gewinn aus selbständiger Tätigkeit
angerechnet.

- **Einkommen aus Grundpflege und hauswirtschaftlicher Versorgung**
  Das nicht steuerpflichtige Einkommen aus Pflegegeldern von
  Pflegepersonen wird nicht angerechnet, sofern es aus der Pflege
  von Angehörigen stammt oder eine andere sittliche Verpflich-
  tung zur Pflege infolge einer inneren Bindung (Stiefkinder, ehe-
  ähnliche Gemeinschaft o.ä.) erfolgt.
- **Übungsleitung**
  Steuerfreie Einnahmen aus einer nebenberuflichen Tätigkeit
  nach § 3 Nr. 26 EStG (z.b. Übungsleitung an der VHS, Ausbildung,
  Erziehung, Betreuung) werden nicht als Einkommen angerechnet. Sie können nur dann angerechnet werden, wenn daneben
  der Bezug von Arbeitslosengeld II ungerechtfertigt wäre – was
  wiederum der Fall sein könnte, wenn die monatlichen Einnahmen
  aus Übungsleitung den Betrag einer halben monatlichen Regel-
  leistung übersteigt (zur Zeit 179,50 Euro).

Literatur:
Arbeitslosenprojekt Tu Was, *Leitfaden zum Arbeitslosengeld II.*

Internet:
www.einkommensrechner.bmas.de
www.arbeitsagentur.de
Unter dem Menüpunkt Veröffentlichungen ist der Unterpunkt
Weisungen zu finden. Dort sind aktuelle Durchführungsanweisungen zum Arbeitslosengeld II veröffentlicht, auch zum Thema
Anrechnung von Nebeneinkommen nach § 11 SGB 2.

6. DIE KRANKEN-
UND PFLEGEVERSICHERUNG

Eine wichtige Frage bei der Berechnung der Wirtschaftlichkeit von Teilzeitselbständigkeit ist, ob und welche zusätzlichen Kosten bei der bestehenden Kranken- und Pflegeversicherung entstehen. Diese Frage entsteht in erster Linie im Zusammenhang mit der gesetzlichen Krankenversicherung, da sich dort die Höhe der Beiträge an der Höhe des Einkommens orientiert. Nach zahlreichen Änderungen liegt der Beitragssatz für Selbständige nunmehr bei einheitlich 14,3 % für die Krankenversicherung, 14,9 % ist der Beitragssatz inklusive Krankengeldversicherung. Für die Pflegeversicherung zahlen Selbständige mit Kindern 1,95 %, Kinderlose 2,2 % ihres Einkommens. Allerdings müssen Selbständige einen Mindestbeitrag für diese Versicherungen zahlen.

Doch fangen wir vorne an, mit unseren beispielhaften Teilzeitunternehmerinnen.

a. Die Angestellte

Martina G. ist im Rahmen ihrer Anstellung pflichtversichert in der gesetzlichen Krankenversicherung. Die Beiträge für die Kranken- und Pflegeversicherung teilt sie sich mit ihrer Arbeitgeberin.

Beginnt sie neben der Anstellung mit der selbständigen Tätigkeit als Organisationsberaterin und Supervisorin, muß sie dies ihrer Krankenversicherung mitteilen. Diese wird einen Fragebogen schikken und möchte vor allem wissen:

• Wieviel Zeit in der Woche wird mit der angestellten und wieviel mit der selbständigen Tätigkeit verbracht?

• Wie hoch sind die Einkommen aus angestellter und wie hoch aus selbständiger Tätigkeit? Hier wird nach den Bruttoeinnahmen der Angestellten und dem Gewinn aus selbständiger Tätigkeit gefragt.

Die Krankenkasse möchte über die Antworten erfahren, ob Martina G. hauptberuflich Angestellte oder selbständig ist.

Von dieser Unterscheidung wird es abhängen, ob weiterhin die Pflichtversicherung in der gesetzlichen Kasse als Angestellte besteht oder ob sich Martina G. nun freiwillig versichern muß – möglicherweise mit erhöhten Kosten.

Im Hauptberuf Angestellte

Wird die überwiegende Zeit mit der angestellten Tätigkeit verbracht und dort auch überwiegend das Einkommen erwirtschaftet, nimmt die Krankenversicherung eine hauptberufliche Anstellung an. Die selbständige Tätigkeit gilt in diesem Fall als nebenberufliche Tätigkeit.

Bei dieser Konstellation bleibt die Angestellte in der Pflichtversicherung – zu den gleichen Bedingungen wie bisher, d.h. ohne erhöhte oder zusätzliche Beiträge.

Das wäre zum Beispiel der Fall, wenn Martina G. bei der Stadt eine Anstellung von 35 Stunden in der Woche hat und 2.000 Euro brutto verdient.

- Für Supervision, Organisationsberatungen sowie die Unternehmensverwaltung bringt sie etwa 10 Stunden in der Woche auf.
- Der Gewinn aus selbständiger Tätigkeit liegt laut Steuererklärung bei 500 Euro im Monat.

Sowohl Zeiteinsatz als auch Einkommen liegen überwiegend bei der Anstellung, und so ist Martina G. in diesem Beispiel hauptberuflich Angestellte und bleibt pflichtversichert in der gesetzlichen Kranken- und Pflegeversicherung.

Vorausgesetzt sie bezieht keine gesetzliche Rente, fallen für die Gewinne aus selbständiger Tätigkeit keine zusätzlichen Beiträge in diesen Versicherungen an.

Um weiterhin bei der Krankenversicherung als Arbeitnehmerin zu gelten, darf die selbständige Tätigkeit von Martina G. nicht hauptberuflich ausgeübt werden.

Wo aber genau ist die Grenze? Sie ist fließend, d.h. gesetzlich nicht klar geregelt. In der Regel vermuten die Krankenversicherungen bei Angestellten mit einer Wochenarbeitszeit von mindestens 18 Stunden und einem monatlichen Bruttoarbeitsentgelt von mehr als 1.260 Euro eher eine hauptberufliche Anstellung als eine hauptberuflich selbständige Tätigkeit. Hat die Angestellte im Rahmen ihrer selbständigen Tätigkeit selbst eine Angestellte, wird von der Krankenkasse in der Regel eine hauptberufliche Selbständigkeit angenommen. Letztendlich kommt es auf die Bedingungen des Einzelfalls an.

Hauptberuf Selbständigkeit

Ganz anders kann der Fall liegen, wenn Martina G. – ihr Teilzeitunternehmen läuft gut – ihre Stelle bei der Stadt reduziert.

- Sagen wir, sie arbeitet nur noch 16 Stunden in der Woche als Angestellte. Ihr Bruttoeinkommen aus Anstellung beträgt dabei 1.100 Euro im Monat.
- Als Selbständige arbeitet sie nun 20 Stunden in der Woche, und ihr durchschnittlicher Gewinn liegt bei 1.700 Euro im Monat.

Bei dieser Konstellation wird die Krankenversicherung voraussichtlich feststellen, daß Martina G. hauptberuflich selbständig ist. Ihre Anstellung wird als Nebenberuf eingeordnet.

Übersteigt nämlich die selbständige Tätigkeit in wirtschaftlicher Bedeutung und vom zeitlichen Einsatz her die übrige (angestellte) Erwerbstätigkeit, gilt die Selbständigkeit als Hauptberuf – mit der Folge, daß die Pflichtversicherung in der gesetzlichen Krankenversicherung entfällt.

Martina G. hat in diesem Fall – wie andere Selbständige auch – die freie Wahl, ob sie

- einer privaten Krankenversicherung beitritt
- oder freiwilliges Mitglied der gesetzlichen Krankenversicherung wird.

Wenn Martina G. über 40 ist und möglicherweise alleinerziehende Mutter, wird sie vielleicht freiwillig in der gesetzlichen Krankenversicherung bleiben wollen. Mit dem Nachteil, daß alle ihre Einkünfte zur Berechnung des Versicherungsbeitrages herangezogen werden. Ihr Beitrag berechnet sich dann wie folgt:

1.700 €	Einkommen aus selbständiger Tätigkeit (durchschnittlicher monatlicher Gewinn)
1.100 €	Einkommen aus Anstellung (Arbeitnehmerinnen-Brutto)
0 €	Sonstige Einkommen (Gewinne aus Vermietung, Kapitalerträge u. ä.)
2.800 €	Gesamteinkommen

Von diesem Gesamteinkommen wird Martina G. inklusive Krankengeldversicherung 14,9 % für die Kranken- und 1,95 % für die Pflegeversicherung zahlen müssen.

Im Unterschied zur hauptberuflich Angestellten muß die hauptberuflich Selbständige auf den Gewinn aus selbständiger Tätigkeit (und auf andere Einkommen) die vollen Beiträge zur Kranken- und Pflegeversicherung tragen. Von ihrer Arbeitgeberin bekommt Martina G. in diesem Fall auch nicht mehr den Beitragszuschuß für die Krankenversicherung, den sie als hauptberuflich Angestellte erhalten würde. Es ist also die teurere Variante der nebenberuflichen Selbständigkeit.

b. Beitragsfreiheit in der Familienversicherung

Nicole M. ist beitragsfrei in der gesetzlichen Krankenversicherung ihres Ehemannes mitversichert. Sie will wissen, welchen Einfluß ihr Büroservice auf diesen kostengünstigen Versicherungsschutz hat.

Auch hier gilt: Ist Nicole M. hauptberuflich selbständig, hat sie keinen Anspruch auf eine beitragsfreie Familienversicherung.

Selbständigkeit als Hauptberuf wird in der Regel dann angenommen, wenn die Tätigkeit mehr als 18 Stunden in der Woche ausgeübt oder mindestens eine Arbeitnehmerin beschäftigt wird.

Arbeitet Nicole M. für ihren Büroservice nur 12 Stunden in der Woche und hat sie auch keine Angestellte, wäre sie nur nebenberuflich selbständig.

Allerdings darf sie im Rahmen ihrer beitragsfreien Krankenversicherung nur ein Gesamteinkommen (das ist die Summe der Einkünfte nach dem Einkommensteuerrecht – also alle Einkommen zusammengenommen) bis 360 Euro im Monat (Stand: 2009) erwirtschaften. Nur bei einer nicht selbständigen geringfügigen Beschäftigung dürfen 400 Euro im Monat verdient werden, ohne daß die Familienversicherung gefährdet wird. Kombiniert die Kleinunternehmerin einen Minijob mit einer selbständigen Tätigkeit, sind für das gesamte Einkommen 400 Euro die Grenze.

Erreicht Nicole M. mit ihrem Büroservice (andere Einkünfte hat sie nicht) einen Gewinn von mehr als 360 Euro im Monat, entfällt der kostenlose Versicherungsschutz, und sie muß sich um eine eigene Absicherung für den Krankheitsfall kümmern.

Besorgt kommt an dieser Stelle die Frage nach dem Preis dafür. Wie alle Selbständigen hat Nicole M. die Wahl, ob sie einer privaten Krankenversicherung beitritt oder ob sie freiwillig in der gesetzlichen Krankenversicherung bleibt.

Die Höhe der Beiträge für hauptberuflich Selbständige

Der Unterschied zwischen privater und gesetzlicher Krankenversicherung besteht vor allem in den Regeln, nach denen sich die Höhe der Beiträge bestimmt.

• in der privaten Krankenversicherung

Private Krankenversicherungen bemessen die Höhe der Beiträge nach dem Risiko. Dies hat zur Folge, daß Frauen mehr bezahlen als Männer, ältere Frauen mehr als junge. Wer Vorerkrankungen hat – es wird danach gefragt –, zahlt ebenfalls einen höheren Beitrag als Gesunde oder bekommt bestimmte Krankheitsbilder nicht mitversichert.

Für Frauen ist wichtig, daß Kinder nicht kostenlos mitversichert werden können.

Für junge – jung heißt hier unter 35 Jahre alt –, gesunde und kinderlose Frauen ist die private Krankenversicherung häufig eine preisgünstige Alternative.

Der Markt von Anbietern ist allerdings recht unübersichtlich. Hier ist es für Selbständige nötig, sich genau zu informieren und die verschiedenen Angebote auf ihr Preis-Leistungsverhältnis zu überprüfen.

• in der gesetzlichen Krankenversicherung

Die gesetzlichen Krankenversicherungen sind Solidarversicherungen, d.h. die Höhe des Beitrags richtet sich nicht nach Alter, Geschlecht oder Krankheiten, sondern nach dem Einkommen. Familienangehörige können beitragsfrei mitversichert werden.

Angestellte sind hier in der Regel pflichtversichert, Selbständige können sich freiwillig versichern. Das Angebot der verschiedenen gesetzlichen Krankenversicherungen ist gesetzlich sehr stark vorstrukturiert, es unterscheidet sich nur in wenigen Dingen.

Die Beiträge werden immer aus dem persönlichen Einkommen errechnet – bei Selbständigen allerdings nicht immer nach dem tatsächlichen Einkommen.

Zum beitragspflichtigen Gesamteinkommen bei den freiwillig Versicherten in der gesetzlichen Krankenversicherung zählen:

• der Gewinn aus selbständiger Tätigkeit,

• das Bruttogehalt aus sonstigen Arbeitsverhältnissen,

• sonstiges steuerpflichtiges Einkommen, z.b. Einnahmen aus Vermietung und Verpachtung, Kapitalerträge, Unterhaltszahlungen etc.

Die gesetzlichen Krankenversicherungen haben einen Beitragssatz von 14,3 % (2009). Sie ziehen auch die Beiträge zur Pflegeversicherung ein, deren Höhe zur Zeit bei 1,95 % für Eltern und 2,20 % für Kinderlose liegt.

Während diese Prozentsätze bei Angestellten auf das tatsächliche Arbeitseinkommen angewandt werden, wird bei Selbständigen zunächst unterstellt, daß ihre Monatseinnahmen mindestens 1.890 Euro betragen.

Wie hoch der Beitrag zur gesetzlichen Krankenversicherung für freiwillig versicherte Selbständige werden kann, ist auf der nächsten Seite in der Tabelle zu sehen.

Stand 1.7.2009 Einkommen im Monat	Monatsbeiträge zur Kranken- (KV) und Pflegeversicherung (PV) gesamt ohne Krankengeld, berechnet für Eltern
Hauptberuflich Selbständige bis 1.890 €	307,13 €
Hauptberuflich Selbständige über 1.890 €/1.260 €	14,3 % KV 1,95 % PV
Hauptberuflich Selbständige ab 3.675 €	Höchstsatz 597,19 €
Hauptberuflich Selbständige bis 1.260 €, nur bei Gründungs- zuschuß oder Bedürftigkeit	204,75 €

Nicole M.'s durchschnittlicher Gewinn wird voraussichtlich unter 1.890 Euro im Monat liegen. Die Krankenversicherung wird von ihr den Mindestbeitrag für die Kranken- und Pflegeversicherung fordern, und der liegt – wie in der Tabelle zu sehen ist – bei 307,13 Euro im Monat.

Das ist für eine Teilzeitselbständigkeit sehr viel. Doch gehen die Krankenversicherungen pauschal davon aus, daß alle Selbständigen einen durchschnittlichen Monatsgewinn von z.Z. 1.890 Euro haben. Nicole M. wird erschrecken, wenn sie das hört; sie will ja nur ca. 12 Stunden in der Woche als Selbständige arbeiten. Allerdings hat sie vor, ein wenig mehr zu erwirtschaften als 360 Euro Gewinn im Monat.

Sie hat nur eine Chance, einen günstigeren Krankenkassentarif zu bekommen: Die gesetzlichen Krankenversicherungen bieten nicht hauptberuflich Erwerbstätigen einen speziellen Tarif an.

Die Kriterien sind allerdings zum Teil sehr unterschiedlich.

Grob läßt sich sagen: Wenn die Selbständigkeit unter 18 Stunden in der Woche betrieben wird, keine Angestellten beschäftigt werden und das durchschnittliche Gesamteinkommen unter 840 Euro im Monat liegt, dann besteht die Möglichkeit, als nicht hauptberuflich Erwerbstätige versichert zu werden, zu einem Beitrag von 136,50 Euro im Monat.

Dieser Tarif wird fast ausschließlich nur den Teilzeitselbständigen angeboten, die im Grundsatz einen Anspruch auf Familienversicherung haben, d.h. die verheiratet oder verpartnert sind mit einem zahlenden Mitglied der gesetzlichen Krankenversicherung. Die anderen Interessierten können es versuchen: Gelegentlich gelingt es auch Ledigen, den Tarif für nicht hauptberuflich Erwerbstätige zu bekommen!

Nicole M. wird ein Gespräch mit ihrer Krankenversicherung führen müssen, um zu klären, zu welchem Beitrag sie sich freiwillig dort weiterversichern kann. Beitragsfrei in der Familienversicherung bleibt sie nur, wenn ihr monatliches Gesamteinkommen 360 Euro nicht übersteigt. Den Gewinn zumindest kann sie über die Höhe ihrer Betriebsausgaben beeinflussen. Ist das nicht zu schaffen, kosten Kranken- und Pflegeversicherung mindestens 136,50 Euro monatlich.

c. Krankenversicherung für Teilzeitselbständige, die arbeitslos sind

Jenny K. ist in der gesetzlichen Krankenversicherung pflichtversichert, wenn sie arbeitslos ist und Arbeitslosengeld I bekommt. Die Arbeitsagentur zahlt die Beiträge für die gesetzliche Krankenversicherung und die Pflegeversicherung.

Was ändert sich, wenn neben der Arbeitslosigkeit auch Gewinne aus selbständiger Tätigkeit erwirtschaftet werden?

Solange Jenny K. beim Bezug von Arbeitslosengeld I unter 15 Stunden in der Woche für ihre eigene kleine Firma arbeitet, ändert sich bei der Kranken- und Pflegeversicherung gar nichts. Bei diesem geringen Zeitaufwand geht die Krankenversicherung davon aus, daß die selbständige Tätigkeit nur nebenberuflich ausgeübt wird und hauptberuflich Arbeitslosigkeit vorliegt. Darum werden in der Regel keine zusätzlichen Beiträge zur Krankenversicherung auf die Gewinne aus selbständiger Tätigkeit fällig.

Bei einem Auftrag mit einem Arbeitsvolumen von 15 Stunden in der Woche und mehr muß Jenny K. sich bei der Arbeitsagentur abmelden (siehe Kapitel „Arbeitslosengeld I und die Teilzeitselbständigkeit"). Für diesen Zeitraum erhält sie kein Arbeitslosengeld, und die Kranken- und Pflegeversicherung wird auch nicht weiter von der Arbeitsagentur bezahlt. Jenny K. wird ein Gespräch mit der Krankenversicherung führen müssen!

Üblicherweise ist es so, daß die gesetzlichen Krankenversicherungen bis zu vier Wochen kostenfrei nachversichern. Wird in dieser Zeit jedoch ein Einkommen erwirtschaftet – dazu zählt auch der Gewinn aus selbständiger Tätigkeit –, will die Krankenversicherung das wissen und gegebenenfalls davon Beiträge erhalten.

Meldet Jenny K. sich bei einem größeren Auftrag für sieben Tage (oder wie lange auch immer) bei der Arbeitsagentur ab, dann hat sie die Wahl,

* ob sie sich in dieser Zeit in einer privaten Krankenversicherung versichert,
* ob sie sich freiwillig in der gesetzlichen Krankenversicherung versichert.

Versichert sich Jenny K. für die 7 Tage freiwillig in der gesetzlichen Krankenversicherung, will diese wissen, was Jenny K. in dieser Zeit voraussichtlich verdient (Einnahmen abzüglich Betriebsausgaben). Diesen Betrag rechnet die Krankenversicherung hoch auf einen Monat, um zu sehen, welche Beitragsbemessungsgrenzen erreicht werden. Dann wird ausgerechnet, wie hoch der Versicherungsbeitrag für diese 7 Tage ist, und Jenny K. bekommt die Rechnung.

Für Klara Berg gilt: Solange sie neben ihrer Selbständigkeit noch „bedürftig" bleibt und Arbeitslosengeld II bezieht, ist sie pflichtversichert in der gesetzlichen Krankenversicherung – die Beiträge werden von der ARGE abgeführt. Ist ihr anrechenbares Einkommen jedoch so hoch, daß sie kein Arbeitslosengeld II bekommt, muß sie sich selbst um die Krankenversicherung kümmern. Das wird vor allem problematisch, wenn erst rückwirkend festgestellt wird, daß sie keinen Anspruch auf Arbeitslosengeld II gehabt hätte. Klara Berg wird ihre Einnahmen und Ausgaben immer gut im Blick haben müssen, damit sie weiß, ob sie gegebenenfalls rückwirkend Krankenversicherungsbeiträge als hauptberuflich Selbständige zahlen muß.

d. Zusammenfassung

Die Beiträge zur Kranken- und Pflegeversicherung können für Teilzeitselbständige ein hoher Kostenfaktor werden. Ob zusätzliche Kosten entstehen und wie hoch die Beiträge voraussichtlich sein werden, sollte vor dem Beginn der selbständigen Tätigkeit in einem Gespräch mit der Krankenversicherung geklärt werden. Maßgeblich für die Beitragsbemessung ist das Gesamtbild der tatsächlichen Verhältnisse. Darum ist es wichtig, der Krankenkasse die Berufstätigkeiten und Einkommen zu beschreiben und einen schriftlichen Bescheid über die Einstufung zu verlangen. Nur dann hat die Aussage der Krankenversicherung eine gewisse Sicherheit, so daß nicht unerwartet hohe Beiträge nachgefordert werden. Wenn die Entscheidung der Krankenversicherung nicht einleuchtend ist, kann diese Frage vor dem Sozialgericht geklärt werden.

Festzuhalten bleibt, daß der Mindestbeitrag zur Kranken- und Pflegeversicherung für hauptberuflich Selbständige sehr hoch ist. Rechtlich läßt sich dagegen kaum etwas unternehmen, das Bundesverfassungsgericht hat diese Beitragseingruppierung für verfassungsgemäß erklärt.

Weitere Informationen:
- bei den gesetzlichen Krankenversicherungen,
- bei Versicherungsmaklerinnen.

Internet:
www.existenzgruender.de
   In der Rubrik „Expertenforum" unter persönliche Absicherung; Gründerinnen und Expertinnen sind bei dieser Seite des Bundeswirtschaftsministeriums vermutlich mitgemeint.

7. DIE RENTENVERSICHERUNG

Wie schon bei der Krankenversicherung geht es auch bei der Rentenversicherung um die Frage, ob durch eine Teilzeitselbständigkeit zusätzliche Beiträge anfallen.

Grundsätzlich gibt es für Selbständige keine Pflicht, eine Altersvorsorge zu betreiben. Allerdings gibt es **wichtige Ausnahmen:** die Gruppe der rentenversicherungspflichtigen Selbständigen.

Selbständige haben also – bis auf die Ausnahmen – die Wahl,

* ob sie für ihr Alter vorsorgen wollen,
* ob sie für ihr Alter privat vorsorgen wollen, durch Lebensversicherungen oder ähnliches,
* ob sie freiwillig in die gesetzliche Rentenversicherung einzahlen.

Dies gilt auch für Teilzeitselbständige. Und so entstehen keine zusätzlichen Kosten für die Altersvorsorge, soweit keine Versicherungspflicht besteht.

Dennoch kann es für Teilzeitselbständige sinnvoll sein, eine zusätzliche private Altersvorsorge abzuschließen, denn eine Teilzeitanstellung ergibt nur eine Teilzeitrente. Ebenso werden die Rentenansprüche aus Arbeitslosigkeit oder Kindererziehung entsprechend gering sein.

Pflichtversicherte Selbständige in der gesetzlichen Rentenversicherung

Es gibt jedoch Berufsgruppen von Selbständigen, die kraft Gesetzes in die gesetzliche Rentenversicherung einzahlen müssen.

Ein trauriges Kapitel für diese Selbständigen, weil es eine sehr teure und wenig sichere Altersvorsorge ist, die einseitig – nämlich von der Gesetzgebung – gestaltet werden kann.

Was einmal gut gemeint war, nämlich schlecht verdienende Selbständige vor der Altersarmut zu retten, hat sich in das Gegenteil verkehrt: Hohe Beiträge führen für kleine Selbständige in die Armut, sowohl jetzt als auch im Alter.

Die Auflistung der pflichtversicherten Selbständigen in § 2 SGB VI hat sich historisch ergeben, Sinn gibt die Auswahl heute kaum noch.

Unter anderem zählen dazu:

- **Lehrende und Erziehende**, die im Zusammenhang mit ihrer selbständigen Tätigkeit keine versicherungspflichtigen ArbeitnehmerInnen beschäftigen.

Zu den **Lehrenden** gehören alle, die unterrichtend tätig sind, seien es nun Fahr- oder Reitlehrerinnen, Nachhilfelehrerinnen, Kommunikationstrainerinnen, Lehrbeauftragte an Hoch- und Fachhochschulen, an Volkshochschulen, Physiotherapeutinnen, die gesunden Menschen Gymnastikunterricht erteilen.

Zu den **erziehenden** Tätigkeiten gehören alle Tätigkeiten, die auf die Bildung des Charakters und der Persönlichkeit von Kindern und Jugendlichen gerichtet sind.

Das sind Selbständige, die in oder für Einrichtungen der Jugendhilfe oder im Auftrag des Jugendamtes eigenverantwortlich Kinder bzw. Jugendliche betreuen oder erziehen. Sie sind aber abzugrenzen von Personen, die lediglich Hilfestellung zur Erziehung geben, d.h. unterstützend oder beratend tätig werden. Seit 2009 sind auch die Tagespflegepersonen versicherungspflichtig, unabhängig davon, wie viele Kiner sie betreuen oder wer sie bezahlt.

- **Pflegepersonen, die in der Kranken-, Wochen-, Säuglings- oder Kinderpflege tätig sind** und im Zusammenhang mit ihrer selbständigen Tätigkeit keine versicherungspflichtigen ArbeitnehmerInnen beschäftigen.

Krankenpflege ist die pflegerische Betreuung kranker Personen. Selbständige, die keine qualifizierte Krankenpflege ausüben oder z.B. als Altenpflegerin überwiegend gesunde und lediglich wegen ihres Alters pflegebedürftige Menschen betreuen, fallen nicht unter die Versicherungspflicht. Krankenpflege betreiben im Sinne dieses Gesetzes auch die Angehörigen der Heilhilfsberufe, bei denen sich pflegerische und therapeutische Betreuung überschneiden. Das sind z.B. Krankengymnastinnen und Masseurinnen bzw. Physiotherapeutinnen und auch die Ergotherapeutinnen, die überwiegend auf ärztliche Weisungen tätig werden. Nicht dazu gehören Ärztinnen, Heilpraktikerinnen, Heilpädagoginnen, Logopädinnen, Motopädinnen, Psychotherapeutinnen.

- **Hebammen** und Entbindungspfleger.
- **KünstlerInnen und PublizistInnen** nach näherer Bestimmung des Künstlersozialversicherungsgesetzes (siehe Kapitel 8, Soziale Absicherung von Künstlerinnen).
- **HandwerkerInnen,** die mit einem zulassungspflichtigen Handwerk in die Handwerksrolle eingetragen sind.

Dies betrifft die Handwerkerin, für deren Berufsausübung der Meistertitel Voraussetzung ist; dazu zählen nicht mehr die Schneiderin, die Raumausstatterin oder die Goldschmiedin, jedoch gehören dazu immer noch z.b. die Friseurin, die Elektrikerin und die Tischlerin. Hier bleibt die Rentenversicherungspflicht bestehen, auch wenn sie Angestellte hat. Hat die Handwerkerin schon achtzehn Jahre (216 Kalendermonate) Pflichtbeiträge gezahlt, kann sie sich - mit Ausnahme der Bezirksschornsteinfegerin - von der Versicherungspflicht befreien lassen.

- **Selbständige mit nur einer AuftraggeberIn**

Das sind Selbständige, die keine sozialversicherungspflichtigen Angestellten haben und wesentlich und auf Dauer nur für eine Auftraggeberin arbeiten.

Dies wird in der Regel angenommen, wenn eine - faktische oder vertraglich bestimmte - wirtschaftliche Abhängigkeit vorliegt. Werden von der Selbständigen mehr als 5/6 ihrer Einnahmen innerhalb eines Kalenderjahres über eine Auftraggeberin erwirtschaftet, gilt dies als wichtiges Indiz für eine wirtschaftliche Abhängigkeit.

Dies gilt auch für Angestellte, die nebenberuflich selbständig sind. Die Arbeitgeberin zählt in diesem Fall nicht als Auftraggeberin, und das Gehalt wird nicht als Einnahme aus selbständiger Tätigkeit gezählt.

Befreiungsmöglichkeiten von der Rentenversicherungspflicht gibt es für die Selbständige mit nur einer Auftraggeberin,
- die das 58. Lebensjahr vollendet hat;
- in den ersten 3 Jahren der Selbständigkeit.

Die aufgezählten Gruppen rentenversicherungspflichtiger Selbständiger sind nicht abschließend, es sind vor allem Berufsgruppen genannt und erklärt, die besonders Frauen treffen. Daneben kennt das Sozialgesetzbuch weitere Berufsgruppen mit Rentenversicherungspflicht wie die Seelotsen, die Küstenfischer, die Landwirte und andere.

Um Gewißheit zu erlangen, sollten die Selbständigen bei ihren Berufsverbänden nachfragen. Für Zweifelsfälle gibt es auf der Homepage der Deutschen Rentenversicherung einen Vordruck für einen „Antrag auf Feststellung des sozialversicherungsrechtlichen Status".

Der Kreis der rentenversicherungspflichtigen Selbständigen hat eine Meldepflicht innerhalb von drei Monaten nach Beginn der selbständigen Tätigkeit (§ 190 a SGB VI).

Wer sich trotz rentenversicherungspflichtiger Tätigkeit nicht bei der Deutschen Rentenversicherung meldet, sollte wissen, daß die Beiträge zur gesetzlichen Rentenversicherung vier Jahre rückwirkend gefordert werden können.

Die Höhe der Beiträge (Stand 1.1.2009)

Wie teuer ist nun die gesetzliche Rentenversicherung für Selbständige? In der gesetzlichen Rentenversicherung gibt es verschiedene Beitragsarten.

Der **Regelbeitrag** ist unabhängig vom Einkommen und beträgt 501,48 Euro (West) oder 424,87 Euro (Ost) im Monat.

Der **halbe Regelbeitrag** kann in den ersten 3 Jahren der Selbständigkeit beantragt werden, die Gründerin zahlt dann nur den halben Regelbeitrag.

Das ist immer noch recht viel, und wer voraussichtlich einen geringen Gewinn erwirtschaftet, wird **einkommensgerechte Beiträge** beantragen.

Bei dieser Beitragseingruppierung muß das Arbeitseinkommen durch den Einkommensteuerbescheid nachgewiesen werden. Arbeitseinkommen ist der erwirtschaftete Gewinn laut Steuererklärung. Von diesem Gewinn müssen zur Zeit 19,9 % an die Rentenversicherung abgeführt werden.

Bei der einkommensgerechten Beitragszahlung liegt der **Min-**

destbeitrag für Selbständige zur Zeit bei 79,60 Euro, der **Höchstbeitrag** bei 1.074,60 Euro (West) bzw. 905,45 Euro (Ost) im Monat.

Welche Folgen hat die Rentenversicherungspflicht für die Teilzeitselbständige?

Um aufkommende Hoffnungen gleich zu enttäuschen: Bei der Rentenversicherung ist es nicht so wie bei der Krankenversicherung, daß die Zahlung von Versicherungsbeiträgen – z.b. im Rahmen einer Anstellung – möglicherweise von einer weiteren Zahlungspflicht befreit. Die Rentenversicherungspflicht aus selbständiger Tätigkeit entsteht **immer zusätzlich**.

Bevor wir darauf eingehen, sollen erst mögliche Ausnahmen untersucht werden.

Ausnahmen von der Rentenversicherungspflicht

Eine selbständige Tätigkeit kann aufgrund des geringen Umfangs oder wegen ihrer kurzen Dauer rentenversicherungsfrei sein.

Versicherungsfrei sind Tätigkeiten,
* wenn sie nur in **geringfügigem Maß** selbständig ausgeübt werden, d.h. wenn regelmäßig ein Einkommen nicht höher als 400 Euro im Monat erwirtschaftet wird.

Der Gewinn aus der an sich rentenversicherungspflichtigen Tätigkeit darf monatlich (im Durchschnitt) 400 Euro nicht überschreiten. Steuerfreie Einnahmen wie die Übungsleiterinnenpauschale (weitere Informationen siehe S. 80 f) werden dabei nicht mitgezählt. Zusammen mit der Übungsleitungspauschale gem. § 3 Nr. 26 EStG von maximal 2.100 Euro im Jahr kann eine Dozentin also bis zu 575 Euro durchschnittlich im Monat dazuverdienen.

* wenn die Tätigkeit nur **kurzfristig**, d.h. maximal 50 Tage im Jahr oder 2 Monate im Jahr ausgeübt wird. Die Beschäftigung darf nicht berufsmäßig ausgeübt werden.

Die Frage der Berufsmäßigkeit ist nur von Bedeutung, wenn der Gewinn der Tätigkeit über 400 Euro im Monat liegt.

Nicht berufsmäßig ist eine Beschäftigung dann, wenn sie für die konkrete Person von untergeordneter wirtschaftlicher Bedeutung ist, wenn sie nur gelegentlich ausgeübt wird oder wenn sie trotz regelmäßiger Wiederholung nur in größeren Abständen aufgenommen wird. **Keine Berufsmäßigkeit** wird angenommen, wenn die Tätigkeit ausgeübt wird z.b.

- neben einer Hauptbeschäftigung,
- zwischen Schulabschluß und Aufnahme des Studiums,
- von Hausfrauen und Altersrentnerinnen.

Von **Berufsmäßigkeit** geht die gesetzliche Rentenversicherung unter anderem dann aus, wenn die Tätigkeit

- in Zeiten der Arbeitslosigkeit oder
- in der Elternzeit ausgeübt wird.

Die Angestellte

Was heißt das alles für Martina G., die neben ihrer hauptberuflichen Anstellung bei der Stadt noch Kommunikationstrainings für Teams gibt?

Kommunikationstrainings fallen unter die unterrichtenden Tätigkeiten, die Gewinne daraus sind also rentenversicherungspflichtig.

Martina G., die schon als Angestellte Rentenversicherungsbeiträge zahlt, muß grundsätzlich zusätzliche Rentenversicherungsbeiträge für diese Trainings zahlen - nur auf die Gewinne aus dieser Tätigkeit. Nun gibt sie auch noch Beratungen und Supervisionen - Tätigkeiten, die nicht unter die Rentenversicherungspflicht fallen.

Martina G. wird ihre Buchführung unterteilen:

Einnahmen aus Beratung u. Supervision	Einnahmen aus Trainings
./.Ausgaben für Beratung u. Supervision	./.Ausgaben für Trainings
= Gewinn/Jahr	= Gewinn/Jahr

So kann Martina G. prüfen: Liegt der Gewinn aus unterrichtender Tätigkeit unterhalb der Geringfügigkeitsgrenze von im Monat durchschnittlich 400 Euro?

Dann ist sie wegen Geringfügigkeit der unterrichtenden Tätigkeit nicht rentenversicherungspflichtig und zahlt keine Versicherungsbeiträge.

Überwiegen die Einnahmen aus Beratung und Supervision, kann Martina G. mit ihren Trainings auch mehr als 400 Euro erwirtschaften, ohne damit rentenversicherungspflichtig zu werden. Schreibt doch die Rentenversicherung in ihrer Broschüre „Selbständige in der Rentenversicherung":

„Bei Personen, die sowohl lehrend als auch anderweitig tätig sind, ist zu prüfen, welcher Aufgabenbereich der Gesamttätigkeit das Gepräge gibt, sofern diese Tätigkeiten in einem organisatorischen Zusammenhang stehen. Nur wenn die lehrende Tätigkeit den Schwerpunkt bildet, liegt Versicherungspflicht als selbständig tätiger Lehrer vor."

Greift keine der Ausnahmen, weil der Gewinn über 400 Euro im Monat liegt und die Trainings das wirtschaftliche Hauptstandbein der Berufstätigkeit sind, wird Martina G. für die Gewinne aus den Trainings Rentenversicherungsbeiträge zahlen müssen.

Vermeiden kann sie das nur dann noch, wenn sie Angestellte hat. Die Trainerin könnte z.b. mehrere Minijobs vergeben: eine Aushilfskraft für Telefondienste und Büroarbeit mit 300 Euro im Monat und eine Reinigungskraft für die Büroräume mit 120 Euro im Monat. Die gesamte Lohnsumme liegt dann monatlich über 400 Euro, und damit entfällt die Rentenversicherungspflicht.

Die tatsächlichen Kosten für die Anstellung liegen bei 420 Euro plus 30 % Abgaben an die Bundesknappschaft. Die Befreiung von der Rentenversicherungspflicht kostet in diesem Fall 546 Euro im Monat. Es lohnt sich für die Trainerin also nur, wenn sie gut im Geschäft ist oder die Entlastung tatsächlich braucht.

Die Arbeitslose, die Familienhausfrau, die Studentin...

Auch hier gilt: Wird neben der Arbeitslosigkeit, der Familienarbeit, dem Studium eine selbständige Tätigkeit ausgeübt, entstehen grundsätzlich keine weiteren Kosten für die Altersvorsorge. Doch wenn die Selbständigkeit zu den oben genannten rentenversicherungspflichtigen Tätigkeiten zählt, können Beiträge zur gesetzlichen Rentenversicherung fällig werden, wenn die selbständige Tätigkeit weder geringfügig noch kurzfristig ist.

Weitere Informationen:
Servicetelefon der Deutschen Rentenversicherung 0800-1000 4800 (kostenfrei).

Literatur:
Selbständige in der Rentenversicherung, hg. von der BfA, 10704 Berlin.

Internet:
www.deutsche-rentenversicherung-bund.de

8. SOZIALE ABSICHERUNG VON KÜNSTLERINNEN – DIE KSK

Für selbständige Künstlerinnen und Publizistinnen gibt es eine besondere Art der sozialen Absicherung, die wesentlich günstiger ist als für andere Selbständige.

Das Künstlersozialversicherungsgesetz (KSVG) bietet Selbständigen aus diesen Bereichen sozialen Schutz in der Renten-, Kranken- und Pflegeversicherung. Wie Arbeitnehmerinnen zahlen sie nur etwa die Hälfte der Versicherungsbeiträge, die andere Beitragshälfte zahlt die Künstlersozialkasse (KSK). Im Gesetz heißt es: Versicherungspflicht. Allerdings ist der Staat froh, wenn möglichst wenige von dieser Pflicht Gebrauch machen. Die Pflicht entsteht erst, wenn sich die Künstlerin oder Publizistin bei der KSK freiwillig meldet.

Die KSK ist keine Versicherung, sie zieht lediglich die Beiträge von den Versicherten und denen, die die Künstlersozialabgaben zu zahlen haben, ein und leitet sie an die Kranken-, Renten- und Pflegeversicherung weiter.

Im Fall einer Krankheit zahlt also nicht die KSK, sondern die Krankenversicherung, in der eine Versicherte Mitglied ist.

Laut KSVG ist **versicherungspflichtig**, wer

* **Künstlerin oder Publizistin** ist;
Künstlerin ist, wer Musik, darstellende oder bildende Kunst schafft, ausübt oder lehrt. Publizistin ist, wer als Schriftstellerin, Journalistin oder in anderer Weise publizistisch tätig ist oder Publizistik lehrt. Die KSK überprüft anhand eines Fragebogens und eingereichter Nachweise die Künstler- bzw. Publizisteneigenschaft. Auf der Homepage der KSK ist der „Künstlerkatalog" zu finden, der Anhaltspunkte dafür liefert, welche Berufe KSK-fähig sind.

* die künstlerische Tätigkeit **erwerbsmäßig** und nicht nur vorübergehend ausübt;
erwerbsmäßig ist jede nachhaltige, auf Dauer angelegte Tätigkeit zur Erzielung von Gewinnen.

* im Wesentlichen **im Inland** tätig ist.

Nicht versichert wird in der Regel, wer als Künstlerin oder Publizistin

- mehr als eine ArbeitnehmerIn beschäftigt;
- nicht mindestens einen voraussichtlichen Jahresgewinn von 3.900 Euro aus Kunst oder Publizistik erzielt;

Ausnahme: Berufsanfängerinnen werden in den ersten 3 Jahren ihrer selbständigen Tätigkeit auch dann nach dem Künstlersozialversicherungsgesetz in der gesetzlichen Renten-, Kranken- und Pflegeversicherung versichert, wenn sie voraussichtlich nicht das erforderliche Mindestarbeitseinkommen von zur Zeit 3.900 Euro im Jahr erzielen werden.

Für teilzeitselbständige Künstlerinnen und Publizistinnen gibt es also kein grundsätzliches Zugangshindernis zur Künstlersozialkasse. Wenn die Künstlerinneneigenschaft vorliegt und nachweislich die Kunst nicht als Hobby, sondern mit Gewinnabsicht betrieben wird, ist die KSK zuständig.

Höhe der Beiträge

Die Beiträge zur Renten-, Kranken- und Pflegeversicherung richten sich nach der Höhe des voraussichtlichen Einkommens. Eine korrekte Einschätzung wird sich an den ausgewiesenen Gewinnen der Steuererklärungen der letzten Jahre orientieren.

Das tatsächlich erwirtschaftete Einkommen kann von dieser Schätzung abweichen.

Die Beitragssätze zu den einzelnen Versicherungssparten für 2009:

Rentenvers. 19,9 %	Eigenanteil: 9,95 %	Mindestbeitrag: 32,34 €
Pflegevers. 2,2 %	Eigenanteil: 1,225 %	Mindestbeitrag: 5,15 €
Krankenvers. 14,9 %	Eigenanteil: 7,9 %	Mindestbeitrag: 33,18 €

Der Mindestbeitrag für die soziale Absicherung beträgt also zusammen 70,67 Euro im Monat. Er richtet sich bei der Rentenversicherung nach einem Mindestgewinn von 3.900 Euro im Jahr und bei der Kranken- und Pflegeversicherung nach einem Jahresgewinn von 5.040 Euro – wer mehr verdient, zahlt auch mehr.

Versicherung durch die KSK bei Kombination verschiedener Tätigkeiten und Teilzeitselbständigkeit

Wie ist es nun mit dieser günstigen sozialen Absicherung, wenn die künstlerische oder publizistische Tätigkeit in Teilzeit betrieben wird und noch andere Einkommen aus verschiedenen Tätigkeiten vorliegen?

Arbeitslosengeld und KSK

Jenny K. ist während des Bezugs von Arbeitslosengeld in der Kranken-, Renten- und Pflegeversicherung pflichtversichert. Die Beiträge bezahlt die Arbeitsagentur oder die ARGE.

Übt die Designerin neben dem Leistungsbezug ihre selbständige Tätigkeit aus, entsteht daraus keine zusätzliche Beitragspflicht in der **Kranken- und Pflegeversicherung.** Zusätzliche Beiträge in die Rentenversicherung können jedoch fällig werden, wenn die KSK schon einmal die Versicherungspflicht von Jenny K. als Künstlerin festgestellt hat und der Gewinn aus der kleinen Nebentätigkeit höher ist als 3.900 Euro im Jahr. Das sind zur Zeit 9,95 % des Gewinns, mindestens jedoch 32,34 Euro im Monat für die Rentenversicherung.

Anstellung und künstlerische Tätigkeit

Nimmt Jenny K. eine Halbtagsstelle an, um von dort nebenberuflich ihre selbständige Design-Tätigkeit auszubauen, was ist dann mit ihrer Mitgliedschaft in der KSK?

Soweit die Anstellung in Zeit und Geld überwiegt, also hauptberuflich ausgeübt wird, ist Jenny K. wieder in der gesetzlichen Krankenversicherung und in der Pflegeversicherung pflichtversichert. Dies schließt für diese Bereiche eine Versicherung in der KSK aus.

Für die Anstellung besteht auch Versicherungspflicht in der Rentenversicherung. Die zusätzliche Rentenversicherungspflicht als Künstlerin entfällt jedoch erst, wenn das jährliche Bruttoeinkommen von Jenny K. aus der Anstellung 32.400 Euro übersteigt (wohnt sie in den neuen Bundesländern, entfällt die Versicherungspflicht schon ab einem Jahresbrutto von 27.300 Euro aus Anstellung).

Da Jenny K. mit der Halbtagsanstellung unter 32.400 Euro im

Jahr brutto verdient, wird sie für ihre selbständige Grafikerinnen-
tätigkeit zusätzliche Rentenversicherungsbeiträge zahlen müssen.
Für das Jahr 2009 sind das 9,95 % des Gewinns, mindestens jedoch
32,34 Euro im Monat. Diese Beitragspflicht gilt jedoch nur, wenn
Jenny K. schon vorher Mitglied der KSK war.

400-Euro-Job (Geringfügige Beschäftigung) und künstlerische Tätigkeit

Um sichere Grundeinnahmen zu haben, nimmt Jenny K. neben ihrer
selbständigen Design-Tätigkeit noch einen Minijob an. Welchen Einfluß hat das auf die Versicherung bei der KSK?

Jenny K. ist als Künstlerin versicherungspflichtig in der Kran-
ken-, Renten- und Pflegeversicherung.

Die Kombination von künstlerischer Tätigkeit und geringfügiger
Beschäftigung beeinflußt die Versicherung über die KSK nicht, solange die Nebeneinkünfte unterhalb der Grenze von jährlich 4.800
Euro liegen. Sie darf im Monat durchschnittlich 400 Euro aus geringfügiger Beschäftigung dazuverdienen und verliert ihre günstige Versicherungsmöglichkeit in der KSK nicht.

Selbständigkeit als Künstlerin und Selbständigkeit in einem anderen Beruf

Wenn Jenny K. neben ihrer Tätigkeit als Grafik-Designerin eine weitere, nicht künstlerische selbständige Tätigkeit ausübt, wie z.b. als
Lehrerin für Standardtanz – wie ist es dann mit ihrem Versicherungsschutz in der KSK?

Liegt der durchschnittliche monatliche Gewinn aus der Schule
für Standardtanz über 400 Euro, der Jahresgewinn also über 4.800
Euro, verliert Jenny K. die Möglichkeit der günstigen Kranken- und
Pflegeversicherung über die KSK – selbst dann, wenn das Einkommen
aus der Tätigkeit als Grafik-Designerin sehr hoch ist.

Die Versicherungsmöglichkeit in diesen Bereichen gibt es in der
KSK nur, wenn das Einkommen aus nichtkünstlerischer Tätigkeit
unter 4.800 Euro im Jahr liegt. Ist es höher, kann sich Jenny K. in der
gesetzlichen Kranken- und Pflegeversicherung nur zu dem für andere
Selbständige üblichen Satz versichern (siehe S. 37 ff).

Die Rentenversicherungspflicht in der KSK bleibt jedoch, solange die Gewinne aus der nichtkünstlerischen selbständigen Tätigkeit unter 32.400 Euro in den alten bzw. 27.300 Euro in den neuen Bundesländern liegen.

Für die Grafikerinnen-Tätigkeit wird Jenny K. Rentenversicherungsbeiträge in Höhe von 9,95 % des Gewinns, mindestens jedoch 32,34 Euro im Monat abführen müssen.

Für die Standardtanzkurse wird sie an die Deutsche Rentenversicherung 19,9 % ihres Gewinns zahlen, da unterrichtende Tätigkeit rentenversicherungspflichtig ist.

Wäre Jenny K. neben ihrer Grafikerinnentätigkeit nicht Standardtanzlehrerin, sondern Gastwirtin, müßte sie aus den erwirtschafteten Gewinnen der Gaststätte keine Pflichtbeiträge in die gesetzliche Rentenversicherung zahlen.

Weitere Informationen:
Künstlersozialkasse
Gökerstr. 14
26384 Wilhelmshaven
Tel. 04421/7543-9

Internet:
www.kuenstlersozialkasse.de
www.ratgeber-freie.de
Der „Ratgeber Freie Kunst und Medien" von Götz Buchholz, erschienen 2002, wird im Internet regelmäßig aktualisiert.

9. SONSTIGE VERSICHERUNGEN

Auch Teilzeitselbständige wollen sich gegen gewisse Risiken bei ihrer Arbeit absichern. Die vorhandenen Versicherungen aus Anstellung oder Privatleben reichen dafür häufig nicht aus.

An dieser Stelle sollen die wichtigsten Versicherungen aufgeführt werden, die für kleine Unternehmen, also auch für Teilzeitselbständige in Frage kommen können.

a. Arbeitslosenversicherung bei der Arbeitsagentur

Seit 2006 gibt es die Möglichkeit für Selbständige, eine Arbeitslosenversicherung bei der Arbeitsagentur abzuschließen – bisher ist sie noch sehr günstig, und die Höhe des Arbeitslosengeldes ist auch nicht uninteressant.

Nicole M. erhofft sich damit die Chance, nach ihrer viel zu langen Familienpause wieder neue Arbeitslosengeldansprüche zu erarbeiten, und Klara Berg würde auch lieber Arbeitslosengeld I als Arbeitslosengeld II bekommen. Haben sie eine Chance?

Es gibt natürlich einige Voraussetzungen für diese Versicherung, nämlich daß die Antragstellerin

- eine selbständige Tätigkeit mit einem Umfang von mindestens 15 Stunden wöchentlich aufnimmt oder als Pflegeperson einen der Pflegestufe I bis III zugeordneten Angehörigen, der Leistungen aus der sozialen Pflegeversicherung oder gleichartige Leistungen bezieht, wenigstens 14 Stunden wöchentlich pflegt (letzteres wäre eigentlich keine selbständige Tätigkeit!) und
- innerhalb der letzten 24 Monate vor Aufnahme der Tätigkeit mindestens 12 Monate in einem Versicherungspflichtverhältnis (mit Arbeitslosenversicherung) gestanden oder eine Entgeltersatzleistung wie das Arbeitslosengeld I bezogen hat.

Kurz gesagt heißt das, daß die Selbständigen direkt vor der Selbständigkeit schon in die Arbeitslosenversicherung eingezahlt oder aber

Arbeitslosengeld I bezogen haben müssen. Insofern kommt diese Versicherung für Nicole M. oder Klara Berg nicht in Frage.

Martina G. kann diese Versicherung auch nicht abschließen, solange sie noch als Angestellte in der Arbeitslosenversicherung pflichtversichert ist.

Für Jenny K. hingegen, die noch Arbeitslosengeld I bezieht und demnächst den Gründungszuschuß (siehe S. 99 ff) beantragen will, ist diese Möglichkeit genau geschaffen: Sie kann sich auf diese Weise einen neuen Anspruch auf Arbeitslosengeld I erarbeiten.

Den Antrag muß sie innerhalb eines Monat nach Aufnahme der selbständigen Tätigkeit bei der örtlichen Arbeitsagentur stellen.

Die Höhe des Beitrags (Stand 2009) richtet sich nicht wie bei Angestellten nach dem tatsächlichen, sondern nach einem fiktiven Einkommen von monatlich 630 Euro (West) bzw. 533,75 Euro (Ost), davon müssen die Versicherten 2,8 % an die Arbeitsagentur zahlen. Also zahlt die Westdeutsche monatlich 17,64 Euro und die Ostdeutsche 14,95 Euro in diese Versicherung.

Wer nicht selbständig ist, sondern nahe Angehörige pflegt, zahlt deutlich weniger!

Und wann zahlt die Arbeitsagentur?

Wenn Jenny K. – vorausgesetzt, sie hat keinen alten Restanspruch auf Arbeitslosengeld mehr – mindestens 12 Monate eingezahlt hat, erwirbt sie einen neuen Arbeitslosengeldanspruch.

Ausgezahlt wird das Arbeitslosengeld jedoch nur, wenn Jenny K. arbeitslos wird – das ist dann der Fall, wenn der wöchentliche Stundenumfang für die selbständige Tätigkeit unter 15 Stunden sinkt und sie dem Arbeitsmarkt, also z.b. der Vermittlung und Qualifizierung durch die Arbeitsagentur, zur Verfügung steht.

Die Aufgabe der Selbständigkeit ist nach der Durchführungsverordnung der Arbeitsagentur nicht sperrzeitrelevant. Wenn Jenny neben dem Bezug von Arbeitslosengeld ihr Geschäft unter 15 Stunden die Woche fortführt, ist dies möglich, sie liest Kapitel 4 noch mal durch, insbesondere die Ausführungen zur Anrechnung von Nebeneinkommen.

Wie hoch wird das Arbeitslosengeld sein?

Der Anspruch richtet sich nach früheren Arbeitsentgelten. Wenn es jedoch in den letzten zwei Jahren keine 150 Tage mit Anspruch auf Arbeitsentgelt gab, dann wird die Höhe des Arbeitslosengeld I-Anspruchs durch einen fiktiven Lohn pauschal ermittelt. Der fiktive Lohn richtet sich nach vier verschiedenen Qualifikationsgruppen. Wobei hier nicht allein die tatsächliche Qualifikation der Arbeitslosen gilt: „Ausgangspunkt für die Ermittlung des fiktiven Arbeitsentgeltes bildet die Bestimmung der Beschäftigung, auf die sich die Vermittlungsbemühungen für den Arbeitslosen in erster Linie zu erstrecken haben."

Für 2009 sieht der fiktive Lohn so aus:

Berufliche Qualifikation	Monatl. Entgelt West	Monatl. Entgelt Ost
Ohne Berufsausbildung	1.512 €	1.281 €
Ausbildungsberuf	2.016 €	1.708 €
Meister/Fachausbildung	2.520 €	2.135 €
Uni/Fachhochschule	3.024 €	2.562 €

Abhängig von Steuerklasse und Kindern kann dann nach dem Abzug pauschalierter Sozialversicherung das monatliche Arbeitslosengeld I ermittelt werden.

Und wie lange gibt es das Arbeitslosengeld I?

Je nach Dauer der Versicherung und Alter kann das Arbeitslosengeld zwischen 6 und 24 Monaten bezogen werden.

Wann erlischt die freiwillige Arbeitslosenversicherung?

Die Versicherung ist beendet,

• wenn drei Monate der Beitrag nicht bezahlt wird,

• wenn Arbeitslosengeld I bezogen wird,

• wenn die selbständige Tätigkeit regelmäßig unter 15 Wochenstunden fällt.

Und dann gibt es noch ein gesetzliches Verfallsdatum, über das kaum geredet wird: Das Versicherungsverhältnis ist für Selbständige (nicht für Pflegepersonen) längstens bis zum 31.12.2010 befristet!

Jenny K. wird die Versicherung also nur abschließen, wenn sie befürchtet, daß sie ihr Geschäft noch vor diesem Datum mangels Erfolg aufgeben muß. Oder sie hofft darauf, daß der Gesetzgeber die Versicherung verlängert. Das ist 2009 noch immer ungewiß.

b. Unfallversicherung in den Berufsgenossenschaften (BG)

Die Berufsgenossenschaften sind die Träger der gesetzlichen Unfallversicherung und helfen in Form von Rentenzahlungen und Rehabilitation bei Berufskrankheiten, Arbeits- und Wegeunfällen. Sie sind nach Branchen geordnet. Die Beitragshöhe richtet sich neben der Höhe der Versicherungssumme nach der Gefahrenklasse des jeweiligen Berufes. Je wahrscheinlicher ein Arbeitsunfall oder eine Berufskrankheit ist, desto höher ist auch der Beitrag.

Für Angestellte besteht hier Versicherungspflicht, die Beiträge zahlen die ArbeitgeberInnen.

Für einige Selbständige besteht ebenfalls Versicherungspflicht. Nicht versicherungspflichtige Selbständige können sich freiwillig in der Berufsgenossenschaft versichern.

Versicherungspflicht in der Berufsgenossenschaft für Selbständige
Viele Berufsgenossenschaften bestimmen in ihrer Satzung, daß UnternehmerInnen – und ihre im Unternehmen mitarbeitenden Ehegatten – sich gegen Arbeitsunfälle versichern müssen.

Mit der Geschäftseröffnung gehören diese Unternehmerinnen – auch Teilzeitselbständige – als Pflichtmitglieder ihrer BG an, die in den folgenden Berufsgenossenschafts-Branchen gründen:

- Bau-Berufsgenossenschaft; Pflichtmitglied werden alle Unternehmerinnen, die Bauwerke aller Art oder Teile von ihnen herstellen, umbauen, instandhalten, reinigen, sanieren oder abbrechen;
- BG Druck und Papierverarbeitung (auch Fotografinnen und Grafikerinnen);
- Berufsgenossenschaft Handel und Warendistribution (Ausnahme: Markthändlerinnen und ambulante Händlerinnen);
- BG Energie, Textil, Elektro; hier sind die Unternehmerinnen versichert, die Textiles oder Schuhwerk herstellen, verarbeiten und pflegen;
- BG für Gesundheitsdienst und Wohlfahrtspflege (BGW); hier gehören **unter anderem** folgende Berufe zum Kreis der Versicherungspflichtigen:
  - Physiotherapeutinnen,;

- Hebammen,
- Fußpflegerinnen,
- Logopädinnen,
- Schädlingsbekämpferinnen,
- Kranken- und Altenpflegerinnen,
- Tagesmütter,
- Friseurinnen,
- Ehe- und Familienberaterinnen,
- Berufsbetreuerinnen.

Nicht versicherungspflichtig sind in dieser Berufsgenossenschaft: Ärztinnen, Zahnärztinnen, Psychologische Therapeutinnen, Kinder- und Jugendlichenpsychotherapeutinnen, Heilpraktikerinnen und Apothekerinnen. Diese Berufe dürfen sich wie die Kosmetikerin freiwillig in der BGW versichern.

Diese Aufzählung der pflichtversicherten Selbständigen in den Berufsgenossenschaften ist nicht abschließend, es sind vor allem die Branchen genannt, in denen Frauen erfahrungsgemäß überwiegend gründen.

Leider gibt es nirgendwo eine öffentlich zugängliche Liste aller versicherungspflichtigen Berufe. Will eine Selbständige wissen, ob sie der Versicherungspflicht in der Berufsgenossenschaft unterliegt, muß sie sich bei den Berufsgenossenschaften durchfragen.

Von unseren drei Teilzeitselbständigen wird Jenny K. als Grafikerin versicherungspflichtig in der Berufsgenossenschaft Druck und Papierverarbeitung sein. Sie wird dort versicherungspflichtig auch als Teilzeitselbständige, denn in der Satzung dieser BG steht in § 43:

„Für die Unternehmereigenschaft ist unerheblich, ob die Tätigkeit freiberuflich, künstlerisch, nebenberuflich oder nur gelegentlich ausgeübt wird. Der Begriff des Unternehmens setzt nicht voraus, daß Beschäftigte, Maschinen oder Arbeitsgeräte vorhanden sind und eine bestimmte Umsatz- oder Einkommenshöhe erzielt wird."

Für die mobile Friseurmeisterin Yvonne K. könnte es jedoch eine Ausnahme von der Versicherungspflicht in der BG für Gesundheitsdienst und Wohlfahrtspflege geben – in deren Satzung steht in § 51:

„(1) Selbständige Friseure, die lediglich geringfügig tätig sind,

können auf Antrag von der Versicherungspflicht (§ 50 der Satzung) befreit werden.

(2) Eine geringfügige Tätigkeit im Sinne des Abs. 1 liegt vor, wenn der Unternehmer seiner selbständigen Tätigkeit als Friseur auf Dauer

a) nicht mehr als 10 Stunden wöchentlich,

b) ohne Geschäftslokal und

c) ohne Beschäftigte oder mitarbeitende Familienangehörige nachgeht."

Freiwillige Versicherung in den Berufsgenossenschaften

Nicole M. und Martina G. sind nicht versicherungspflichtig und können entscheiden, ob sie sich freiwillig gegen Arbeitsunfälle oder Berufskrankheiten versichern. Vermutlich wird für sie die Berufsgenossenschaft Verwaltung und Freie Berufe zuständig sein. Und da die beiden keinen gefährlichen Beruf ausüben und nur auf die Mindestversicherungssumme abschließen wollen, wird ihr Beitrag zu dieser Versicherung so etwa bei 100 Euro im Jahr liegen.

Weitere Informationen:
Hotline zu Fragen der Mitgliedschaft in der Berufsgenossenschaft:
01805-188088 (14 Cent/Minute)

Internet:
www.dguv.de (mit einer Adressenliste aller Berufsgenossenschaften)

c. Berufsunfähigkeitsversicherung

Berufsunfähigkeit liegt vor, wenn jemand infolge ärztlich nachgewiesener Krankheit, Körperverletzung oder Kräfteverfall außerstande ist, den bisherigen Beruf oder eine andere Tätigkeit auszuüben, die aufgrund der Ausbildung und Erfahrung ausgeübt werden kann und der bisherigen Lebensstellung entspricht.

Die Berufsunfähigkeitsversicherung ist eine freiwillige Versicherung. Bei ihr kann die Höhe einer laufenden Rente frei vereinbart werden, ebenso die Leistungsdauer, d.h. bis zu welchem Alter die

Berufsunfähigkeitsrente gezahlt wird. Der Beitrag zu dieser Versicherung richtet sich nach Höhe und Dauer der vereinbarten Rente, dem Alter der Person, der Gefahrenneigung des Berufs sowie eventueller Risiken, die in Vorerkrankungen liegen können. Die Berufsunfähigkeitsversicherung wird selten eigenständig angeboten. In der Regel handelt es sich um eine Zusatzversicherung, verbunden mit einer Lebens- oder Rentenversicherung.

Das Problem: Über hundert Anbieter haben eine Vielzahl von Tarifen und komplizierte Versicherungsbedingungen, die für Laiinnen undurchschaubar sind. Viele Versicherungen versuchen im Leistungsfall, also dann, wenn sie zahlen sollten, die Rente zunächst abzulehnen oder das Verfahren in die Länge zu ziehen.

Die Gerichtsverfahren zu diesen Fragen häufen sich, so daß hier empfohlen werden muß, bei einer anderen Gesellschaft eine Rechtsschutzversicherung abzuschließen.

Ein Studium der Verträge und eine professionelle Beratung sind empfehlenswert!

d. Haftpflichtversicherung

Was kann nicht alles geschehen – auch im Rahmen einer Teilzeitselbständigkeit!

* Martina G. beschädigt während einer Beratung den Beamer der Kundschaft.
* Jenny K. setzt in eine von ihr gestaltete Anzeige die falsche Telefonnummer der Auftraggeberin.
* Nicole M. verliert die Originalbelege für die Buchhaltung eines ihrer Handwerksbetriebe.
* Helene S. verursacht durch eine Massagebehandlung bei einer Kundin einen Bandscheibenvorfall.
* Im Entspannungsraum der Yoga-Lehrerin Karla K. fällt eine Teilnehmerin über ein Lammfell.
* Yvonne S. hat einen höhenverstellbaren Stuhl kreiert, der auf einer Stufe zusammenbricht...

Die Privathaftpflicht tritt bei den daraus entstehenden Schadensersatzansprüchen nicht ein. Für Schäden, die aus der beruflichen

Tätigkeit entstehen, kann eine Haftpflichtversicherung abgeschlossen werden. Für einige Berufe müssen Haftpflichtversicherungen abgeschlossen werden. Dazu gehören unter anderem Steuerberaterinnen, Wirtschaftsprüferinnen, Ärztinnen und Zahnärztinnen. Die anderen Selbständigen sollten überlegen, welche Gefahren von ihrer beruflichen Tätigkeit ausgehen und wie hoch die möglichen Schäden sein könnten. Die Haftpflichtversicherung kann Personen- und Sachschäden ebenso umfassen wie Vermögensschäden, Schäden aus fehlerhafter Berufsausübung oder gar – bei Produzentinnen – die Produkthaftung.

Besteht eine private Haftpflichtversicherung, kann diese auf die geschäftliche Tätigkeit ausgeweitet werden, oder es wird eine gesonderte betriebliche Haftpflichtversicherung abgeschlossen.

Manchmal erscheint es billiger und einfacher, eine Haftung für Schäden vertraglich auszuschließen. Doch sollte die Unternehmerin wissen, daß nicht jeder Haftungsausschluß auch gerichtsfest ist. Sonja S. kann zwar in die Allgemeinen Geschäftsbedingungen für ihre Tauchreisen auf die Malediven hineinschreiben: „Teilnahme auf eigene Gefahr." Doch hat diese Klausel keine rechtliche Wirkung, sofern sie z.B. gegen den Verbraucherinnenschutz des Reiserechts verstößt.

Also bitte bei vertraglichen Haftungsausschlüssen die Rechtsanwältin fragen – die hat zumindest eine Haftpflichtversicherung für Falschauskünfte!

e. Inventarversicherung

Entsprechend der Hausratversicherung gibt es die Möglichkeit, das Inventar einer Firma gegen Verlust, Beschädigung durch Feuer, Wasser, Einbruchsdiebstahl oder Vandalismus abzusichern.

Wer zu Hause arbeitet und eine Hausratversicherung hat, sollte prüfen, ob im entsprechenden Vertrag das gewerblich genutzte Inventar mitversichert ist.

f. Zusammenfassung

Das unternehmerische Risiko nimmt den Gründerinnen niemand ab. Letztlich führt kein Weg daran vorbei, daß Martina G., Jenny K. und Nicole M. – ehe sie sich zum Abschluß diverser Versicherungen entschließen – prüfen müssen, was sie selbst tun können, um einen Schaden oder die Haftung für Schäden zu vermeiden. Das geht von der Einhaltung von Sicherheitsvorschriften bis zu vertraglichen Regelungen mit der Kundschaft.

Dann müssen sich die Teilzeitunternehmerinnen fragen:
- Was muß versichert werden?
- Was soll versichert werden?
- Was kann versichert werden?

Die Antworten werden so unterschiedlich sein wie die Gefahrenschwerpunkte der Unternehmen und das Sicherheitsbedürfnis der Unternehmerinnen. Für Selbständige läßt sich fast jedes Risiko versichern. Letztlich ist es eine Frage des Preises.

Manchmal vermitteln die jeweiligen Berufsverbände günstige Versicherungen zu den in der jeweiligen Branche üblichen Risiken.

Wenn dies nicht der Fall ist, bleibt den Kleinunternehmerinnen nur, verschiedene Angebote bei mehreren Versicherungsbüros einzuholen und zu vergleichen. Die Verbraucherzentralen können bei der Bewertung helfen.

Weitere Informationen:
Die örtlichen Verbraucherzentralen halten in der Regel aktuelle Informationen über den Versicherungsmarkt bereit.

Internet:
www.vzbv.de
Homepage der Verbraucherzentrale Bundesverband.
www.verbraucherzentrale.info
Portal der Verbraucherzentralen mit Adressen in der Region.
www.warentest.de
Homepage der Stiftung Warentest.

10. BESONDERHEITEN DES STEUERRECHTS BEI TEILZEITSELBSTÄNDIGKEIT

Martina G., Nicole M. und Jenny K. wollen wissen, was das Finanzamt von ihnen möchte, wenn sie ihre Teilzeitselbständigkeit aufnehmen. Vor allen Dingen interessiert es sie, welche Folgen ihre geschäftliche Tätigkeit bei den Steuern hat.

Für Selbständige gibt es drei wichtige Steuerarten: die Gewerbesteuer, die Umsatzsteuer und die Einkommensteuer. Für alle drei Steuerarten wird eine gesonderte Steuererklärung abgegeben. Fangen wir mit der Steuerart an, die wir hier nicht behandeln:

a. Die Gewerbesteuer

Gewerbesteuer ist eine kommunale Steuer, die bisher nur Gewerbetreibende, nicht aber Freiberuflerinnen zahlen (zur Unterscheidung siehe S. 90 f).

Bis zu einem Gewerbeertrag von 24.500 Euro im Jahr ist keine Gewerbesteuer zu zahlen. Teilzeitselbständige Gewerbetreibende dürften nur sehr selten darüber liegen.

b. Die Umsatzsteuer

Das Thema der Umsatzsteuer taucht für Gründerinnen erstmals auf, wenn sie Preise kalkulieren, eine Rechnung schreiben oder bei Fragen wie: *„Sind Sie mehrwertsteuerpflichtig?"* oder gar: *„Sind Sie vorsteuerabzugsberechtigt?"* Im Folgenden soll geschildert werden, was das heißt und welche wichtigen Ausnahmen es gibt.

In der Regel sind Unternehmerinnen umsatzsteuerpflichtig.

Die Umsatzsteuer ist im Umsatzsteuergesetz (UStG) geregelt. Sie ist eine Verbrauchssteuer, die von den EndverbraucherInnen zu zahlen ist. Unternehmerinnen nehmen sie für den Staat ein – in Form von Mehrwertsteuer, die sie an das Finanzamt weiterleiten.

Die Mehrwertsteuer

Das Umsatzsteuergesetz sagt, daß auf alle Waren und Dienstleistungen eine Umsatzsteuer von 19 % fällig wird. Ausnahme sind Waren und Dienstleistungen mit dem ermäßigten Steuersatz von 7 %. Dazu gehören z.b. Bücher, viele Lebensmittel, einige landwirtschaftliche Produkte und Teile der Kunst. Was alles zum ermäßigten Steuersatz von 7 % verkauft werden kann, ist in der Anlage 2 zu § 12 UStG zu erfahren und nicht immer leicht zu entscheiden. Der jeweilige Steuersatz muß auf den Rechnungsbetrag hinzugerechnet werden, dort heißt es dann nicht Umsatzsteuer, sondern Mehrwertsteuer.

Beispiel:

Nicole M. hat für ihren Büroservice ausgerechnet, daß sie 25 Euro für eine Stunde nehmen muß, um kostendeckend zu arbeiten und eine angemessene soziale Absicherung zu haben.

Ihre Rechnung als umsatzsteuerpflichtige Unternehmerin für 4 Stunden Büroservice sieht so aus:

4 Stunden je 25,00 €	100,00 €	Netto
zuzüglich 19 %	19,00 €	MwSt.
Gesamt	119,00 €	Brutto (inkl. MwSt.)

Jenny K. schreibt sowohl für Buchillustrationen als auch für Werbegrafik 7 % Mehrwertsteuer auf die Rechnung. Immer wenn urheberrechtlich Geschütztes geschaffen wird und die Nutzungsrechte daran anderen eingeräumt werden, ist der ermäßigte Steuersatz anzurechnen. Arbeitet Jenny K. jedoch als Referentin für das Seminar „Werbung selbst gestalten", ist das eine urheberrechtsfreie Leistung, und die unterliegt der Regelbesteuerung. Auf den Rechnungsbetrag werden 19 % Mehrwertsteuer aufgeschlagen.

Auch Martina G. muß auf ihr Honorar für Beratungen 19 % MwSt. aufschlagen. Die Unternehmerinnen dürfen die eingenommene Mehrwertsteuer jedoch nicht behalten, sie muß als Umsatzsteuer an das Finanzamt abgeführt werden.

Die Vorsteuer

Für umsatzsteuerpflichtige Unternehmerinnen gibt es einen Vorteil:

die Vorsteuerabzugsberechtigung. Was heißt das? In der Steuersprache geantwortet: Die Unternehmerin kann von der Steuer, die sie für ihre Umsätze schuldet, die Umsatzsteuerbeträge (Vorsteuer) abziehen, die ihr andere Unternehmen für Waren oder Dienstleistungen, die zu den Betriebsausgaben zählen, in Rechnung gestellt haben.

Praktisch und faktisch bedeutet das: Wenn Martina G., Jenny K. oder Nicole M. für ihre Firmen einkaufen gehen, bezahlen sie an der Kasse für das Büromaterial oder den Firmencomputer den Rechnungsbetrag inklusive Mehrwertsteuer. Diese heißt in der Steuersprache dann nicht mehr Mehrwertsteuer, sondern Vorsteuer. Die ausgegebene Vorsteuer können Jenny K., Nicole M. und Martina G. beim Finanzamt gegen die eingenommene Mehrwertsteuer verrechnen. Sie kaufen also faktisch billiger ein als alle, die nicht vorsteuerabzugsberechtigt sind.

Die Umsatzsteuervoranmeldung

Die Umsatzsteuererklärung ist ein Verrechnungsverfahren mit dem Finanzamt, in dem erklärt wird, wieviel Mehrwertsteuer die Unternehmerin eingenommen und wieviel Vorsteuer sie für Betriebsausgaben gezahlt hat.

Beispiel 1:
Jenny K. hat folgende Einnahmen-/Ausgabenrechnung:

Einnahmen/Netto:	8.240,00 €	Ausgaben/Netto:	2.320,00 €
Eingen. MwSt.	**1.565,60 €**	**Ausgeg. Vorsteuer**	**440,80 €**
Gesamtumsatz	9.805,60 €	Gesamtausgaben	2.760,80 €

Das Finanzamt möchte die eingenommene Mehrwertsteuer haben. Jenny K. wird vorher aber ihre ausgegebene Vorsteuer abziehen. Indem sie beide Positionen miteinander verrechnet, kommt Jenny K. zu diesem Ergebnis:

> 1.565,60 € eingenommene MwSt.
>
> ./. 440,80 € ausgegebene Vorsteuer
>
> **1.124,80 € Umsatzsteuer sind an das Finanzamt zu zahlen**

Bei einem Unternehmensstart oder wenn das Geschäft nicht so gut läuft, kann es auch vorkommen, daß das Finanzamt zahlen muß.

Folgen der Umsatzsteuerpflicht:

- Bei umsatzsteuerpflichtigen Neugründungen muß im ersten Geschäftsjahr und im darauf folgenden Jahr jeden Monat – auf elektronischem Weg, also via Internet – eine Umsatzsteuervoranmeldung abgegeben werden.

- In den Folgejahren wird die Teilzeitselbständige diese Arbeit voraussichtlich nur vierteljährlich oder nur jährlich verrichten, das wird das Finanzamt feststellen.

- Für das abgeschlossene Jahr muß eine Umsatzsteuererklärung abgegeben werden. Das ist die abschließende jährliche Abrechnung.

Sonderregelungen

Das Umsatzsteuerrecht ist voll von Ausnahmen und Besonderheiten. Hier erwähnt sei nur, daß die Second-hand-Verkäuferin ein etwas abgeändertes Verfahren anwenden kann: die Differenzbesteuerung. Die Land- und Forstwirtin wird unter dem Begriff der Durchschnittsbesteuerung fündig werden.

Ausnahmen und Wahlmöglichkeiten

Es gibt zahlreiche Ausnahmen von der Regelbesteuerung im Umsatzsteuerrecht. Es sollen nur die wichtigsten behandelt werden, die für Teilzeitselbständige häufig in Frage kommen. Die Vorteile, nicht umsatzsteuerpflichtig zu sein, liegen vor allem darin:

- Die Preise können ohne Mehrwertsteuer niedriger kalkuliert werden. Das ist vor allem für Selbständige interessant, deren Kundschaft nicht vorsteuerabzugsberechtigt ist. Nicht vorsteuerabzugsberechtigt sind unter anderem Privatleute, Heilpraktikerinnen, staatliche und viele gemeinnützige Einrichtungen.
- Es entsteht weniger Verwaltungsaufwand, da keine Umsatzsteuervoranmeldung und Umsatzsteuererklärung abzugeben sind.

Umsatzsteuerfrei kraft Gesetzes

Die Erzeugnisse und Dienstleistungen, die nicht der Umsatzsteuerpflicht unterliegen, beschreibt das Gesetz in § 4 UStG. Das sind unter vielen anderen vor allem Leistungen von Tagesmüttern, Heilpraktikerinnen und Ärztinnen, staatlichen Einrichtungen und gemeinnützigen Vereinen im Bereich der ideellen Tätigkeiten.

Folgen: Diese Unternehmerinnen und Organisationen nehmen am ganzen Verfahren nicht teil. Sie stellen ihrer Kundschaft keine Mehrwertsteuer in Rechnung und können im Gegenzug auch nicht billiger einkaufen. Wer nicht der Umsatzsteuerpflicht unterliegt, macht auch keine Umsatzsteuererklärung und ist nicht vorsteuerabzugsberechtigt.

Die Wahlfreiheit der Kleinunternehmerin

Eine weitere Ausnahme von der Umsatzsteuerpflicht ist möglich, wenn ein **Kleinunternehmen** vorliegt.

Ein Kleinunternehmen liegt laut § 19 UStG vor, wenn
- der Brutto-Umsatz des Vorjahres unter 17.500 Euro lag **und**
- der voraussichtliche Brutto-Umsatz des laufenden Jahres unter 50.000 Euro liegt
- oder im 1. Geschäftsjahr der voraussichtliche Brutto-Umsatz unter 17.500 Euro liegt.

Zu beachten ist bei dieser Regelung, daß es um die Höhe des Umsatzes geht. Bei den Sozialversicherungen ging es bisher immer um den Gewinn. Der Umsatz ist die Summe aller Einnahmen in Geld oder Geldwert, ohne daß die Betriebsausgaben abgezogen werden. 17.500 Euro Umsatz beziehen sich auf den Jahresumsatz, d.h. auf einen Umsatz innerhalb von 12 Monaten. Gründet Martina G. im

Oktober, hat sie die Wahlfreiheit nur, wenn ihr Umsatz im ersten Geschäftsjahr voraussichtlich unter 4.375 Euro liegt. Für Teilzeitselbständige eröffnet sich hier eine Entscheidungsmöglichkeit.

Vor allem in der Gründungsphase kann es gut sein, daß der voraussichtliche oder der tatsächliche Jahresumsatz unter 17.500 Euro bleibt. Wer voraussichtlich Umsätze unterhalb dieser Grenze hat, ist von der Umsatzsteuer befreit. Das ist jedoch keine Pflicht. Es besteht die Möglichkeit, sich ohne Rücksicht auf die Umsatzhöhe für die Umsatzsteuer zu entscheiden. Diese Entscheidung gilt dann für fünf Jahre.

Wenn die Teilzeitselbständige sich für das Modell der Kleinunternehmerin und gegen die Umsatzsteuer entscheidet, stellt sie Rechnungen ohne Mehrwertsteuer aus und bekommt die bezahlte Vorsteuer nicht zurück.

Wie entscheiden sich unsere Gründerinnen?

Martina G. wird vor allem für gemeinnützige und staatliche Organisationen arbeiten. Für diese bedeutet der Aufschlag der Mehrwertsteuer eine Preiserhöhung. Außerdem möchte die Supervisorin die nebenberufliche Verwaltungsarbeit gering halten und keine zusätzliche monatliche Steuervoranmeldung abgeben. Da Martina G. keine hohen Betriebsausgaben hat, neigt sie dazu, als Kleinunternehmerin im Sinne des § 19 UStG zu arbeiten. Martina G. kann diese Frage im nächsten Jahr neu entscheiden. Sobald ihr Umsatz in einem Geschäftsjahr über 17.500 Euro liegt, hat sie für die Folgejahre keine Entscheidungsfreiheit mehr.

Nicole M. will mit ihrem Büro- und Buchhaltungsservice vor allem für Handwerksbetriebe arbeiten. Für diese vorsteuerabzugsberechtigten Unternehmen ist die Mehrwertsteuer keine Preiserhöhung, sie bekommen sie vom Finanzamt erstattet.

Für ihren Start hat Nicole M. hohe Ausgaben im Bereich der Werbung eingeplant, und einen Laptop will sie sich auch anschaffen. Mit Steuererklärungen kennt sie sich gut aus, und so wird sie sich für die Vorsteuerabzugsberechtigung entscheiden. Erst in fünf

Jahren kann sie sich das wieder anders überlegen, vorausgesetzt, ihr Umsatz liegt dann unter 17.500 Euro im Jahr.

Jenny K., die Grafikerin, hat sich noch nicht entschieden. Ihre Umsätze werden am Anfang zwar unter 17.500 Euro im Jahr sein, aber gestaltet sie vor allem Homepages für gemeinnützige, staatliche Einrichtungen oder für vorsteuerabzugsberechtigte Unternehmen? Außerdem wird für die Entscheidung wichtig sein, welche Investitionen noch vorgenommen werden sollen: Braucht sie einen neuen Computer und teure, lizenzierte Software? Wie hoch werden die laufenden Kosten sein?

Von den Antworten auf diese Fragen wird es abhängen, ob Jenny K. mit Mehrwertsteuer arbeiten wird oder als Kleinunternehmerin.

Umsatzsteuerbefreiungen in Einzelfällen
bei unterrichtender Tätigkeit

Befreit sind **umsatzsteuerpflichtige** freiberufliche Lehrkräfte im Einzelfall, wenn die Schule oder Hochschule, für die sie arbeiten, nach § 4 Nr. 21 UStG von der Umsatzsteuer befreit ist. In diesem Fall sind alle dort beschäftigten selbständigen Lehrkräfte automatisch auch befreit. Eine individuelle Befreiung der Lehrkräfte ist nicht mehr nötig.

Das betrifft neben Schulen und Hochschulen alle ähnlichen allgemeinbildenden oder berufsbildenden Einrichtungen, wenn zumindest ein Teil ihres Unterrichts

„auf einen Beruf oder eine vor einer juristischen Person des öffentlichen Rechts abzulegende Prüfung ordnungsgemäß vorbereitet".

Ob eine solche Befreiung vorliegt, sollte vom Sekretariat der Schule schriftlich bestätigt werden.

Die Umsatzsteuerbefreiung der Unterrichtenden betrifft allerdings nur die Umsätze für diese Schulen und für die unterrichtende Tätigkeit. Ausnahmsweise können auch sozialpädagogische Tätigkeiten, die unmittelbar mit Ausbildungszwecken zusammenhängen, von der Umsatzsteuer be-freit sein.

Sollte Jenny K. sich für die Umsatzsteuerpflicht entscheiden und dann einen Lehrauftrag in Grafik-Design an der Fachhochschule für Gestaltung annehmen, ist die Einnahme für diesen Lehrauftrag umsatzsteuerfrei. Gestaltet sie außerdem eine Homepage für die Fachhochschule, ist das Honorar dafür – wie ihre anderen Einnahmen auch – umsatzsteuerpflichtig.

Kompliziert wird es in der Buchführung: Den umsatzsteuerfreien Einnahmen müssen auch Ausgaben zugeordnet werden, die nicht dem Vorsteuerabzug unterliegen.

Ist ein Bildungsträger nach § 4 Nr. 22 UStG von der Umsatzsteuerpflicht befreit – das sind z.b. Volkshochschulen, Bildungseinrichtungen der Gewerkschaften, viele Frauenbildungshäuser u.a. –, nutzt das den Lehrkräften gar nichts, sie bleiben auch für diese Aufträge umsatzsteuerpflichtig. Ausnahmsweise geht es dann doch, wenn die Bildungseinrichtung für einzelne Veranstaltungen, z.b. Management- oder Existenzgründungsseminare, eine Befreiung nach § 4 Nr. 21 UStG beantragt und der Lehrkraft eine Bescheinigung über die Befreiung aushändigt. Sonst kann nur noch eine Umsatzsteuerbefreiung der Lehrkraft und ihres Unterrichts selbst helfen.

Sonstige Möglichkeiten
Solche **individuellen Befreiungen** sind manchmal möglich, wenn eine Unternehmerin selbst Unterricht erteilt (privat), der auf eine behördliche/staatliche Prüfung vorbereitet. Das kann Nachhilfeunterricht oder eine Ausbildung für Heilpraktikerinnen sein.

Zu denken wäre an Martina G., die sozialpädagogische begleitende Maßnahmen für Menschen in Aus- und Fortbildung anbieten möchte. Auch die Musiklehrerin sollte es versuchen, die privat unterrichtet, aber auf Aufnahmeprüfungen des Konservatoriums vorbereitet. Hier bleibt die Möglichkeit, eine Anfrage bei der zuständigen Bezirksregierung bzw. dem Regierungspräsidium zu starten und sich die jeweiligen Bedingungen erklären oder den Antrag schicken zu lassen.

Die Modalitäten für diese Art der Befreiung von der Umsatzsteuerpflicht sind von Bundesland zu Bundesland verschieden. Es hilft nur das Nachfragen in eigener Sache!

Die Rechnung

Wohlgemerkt: Üblicherweise müssen Unternehmerinnen keine Rechnungen schreiben, das wird häufig nur getan, wenn die Kundschaft einen Beleg haben möchte. Werden jedoch Rechnung oder Quittung ausgestellt, dann stellt das Umsatzsteuerrecht erhöhte Anforderungen an Form und Inhalt. Kleinbetragsrechnungen mit einem Gesamtbetrag von maximal 150 Euro müssen enthalten:

- Namen und Anschrift des leistenden Unternehmens,
- Menge und Bezeichnung der Lieferung oder Leistung,
- Datum der Lieferung oder Leistung sowie der Rechnung,
- den Gesamtbetrag und den angewendeten Steuersatz.

Bei höheren Rechnungsbeträgen müssen zusätzlich aufgeführt sein

- Name und Anschrift der Kundin,
- auf die Nettobeträge anzuwendende Steuersätze (19 %, 7 %),
- nach Umsatzsteuerbeträgen aufgeschlüsselte Nettobeträge, die darauf entfallenden Umsatzsteuerbeträge, die jeweiligen Bruttobeträge und der Gesamtrechnungsbetrag,
- die Steuernummer oder die USt-Identifikationsnummer, geplant ist hier die Einführung einer Wirtschaftsidentifikationsnummer,
- eine fortlaufende unverwechselbare Rechnungsnummer.

Praktisch könnte die Rechnung von Jenny K. für einen erledigten Auftrag dann so aussehen:

Jenny K. – Grafik & Design – Gärtnerstr. 5 – 67590 Koblenz

Verlag Lisa Müller
Hofgarten 3
53870 Oberwiese

Koblenz 05.04.2009

Rechnungsnummer 324/2009

geliefert heute

	Netto	MwSt		Brutto
1 Buchillustration	200,00 €	14,00 €	7 %	214,00 €
Pflege Homepage, 3 Std.	210,00 €	39,90 €	19 %	249,90 €
Gesamtbetrag	410,00 €	53,90 €		463,90 €

Steuernummer 212/1378/477

Das alles paßt nicht mehr auf einen Quittungsblock – die Unternehmerin braucht doch ein eigenes Rechnungsformular!

Es gibt noch weitere Besonderheiten:

- **Rechnungen ohne Umsatzsteuer** müssen einen Hinweis auf den Grund der Befreiung enthalten, etwa: „Der Rechnungsbetrag ist umsatzsteuerfrei nach §... UStG." (Das kann § 19 UStG für die Kleinunternehmerin sein, § 4 Nr. 14 für die Heilpraktikerin oder § 4 Nr. 25 für Tagesmütter.)
- Auf **Rechnungen an Privatpersonen**, die Lieferungen und/oder Leistungen in Zusammenhang mit einem Grundstück erhalten haben, z.b. Reparaturen, Reinigung, Gartenpflege etc., gehört der Hinweis: „Diese Rechnung ist 2 Jahre lang aufzubewahren."
- Rechnungen nicht per E-Mail verschicken! Das gibt immer mindestens ein Problem für die Empfängerin, wenn die Rechnung nicht mit einer qualifizierten elektronischen Signatur versehen ist oder die Empfängerin die Signatur nicht überprüft und die Überprüfung nicht elektronisch archiviert.

c. Die Einkommensteuer

Die Einkommensteuer ist die Steuer, welche die Privatperson dem Finanzamt schuldet. Besteuert wird das gesamte Einkommen einer im Inland lebenden Person. Das Einkommensteuergesetz (EStG) nennt verschiedene Einkunftsarten, für die es jeweils gesonderte Erhebungsbögen gibt. Für Gewerbetreibende ist es der Bogen G, für Freiberuflerinnen der Bogen S (zur Unterscheidung siehe S. 90 ff). Diesen Bogen müssen sich die Teilzeitselbständigen mitsamt des Vordrucks für die Einnahmenüberschußrechnung vom Finanzamt schikken lassen.

Die Gewinnberechnung

Teilzeitselbständige berechnen ihren Gewinn üblicherweise durch die Gegenüberstellung von Betriebseinnahmen und Betriebsausgaben. Das heißt Einnahmenüberschußrechnung und ist einfacher als die Alternative: die Bilanzierung. Das betriebliche Ergebnis besteht dann entweder in einem Gewinn oder einem Verlust. Auf den Anlagen wird der erwirtschaftete Gewinn oder Verlust für das vergangene Jahr eingetragen.

Wie es zu dieser Summe gekommen ist, erklärt die Unternehmerin mit einem Umsatz von unter 17.500 Euro im Jahr formlos auf einem Blatt mit Steuernummer und Namen.

Bei diesem Verfahren werden die Gesamteinnahmen (Umsatz) den Ausgaben gegenübergestellt. Die Ausgaben werden dabei nicht einzeln aufgeführt, sondern sinnvoll gegliedert und zusammengefaßt. Sinn sollte die Gliederung – Nicole, die Buchhalterin, würde dazu „Kontenrahmen" sagen – vor allem für die Unternehmerin geben. Sie soll wissen, wo ihr Geld geblieben ist, wo gespart werden muß oder welche Dinge vernachlässigt wurden.

Eine formlose Gewinnermittlung könnte bei Jenny K. etwa so aussehen:

Gesamteinnahmen aus Werbeagentur   **9.500 € Umsatz**
abzüglich Betriebsausgaben:

	Abschreibung EDV	200 €
	Arbeitszimmer	600 €
	Werbung, Repräsentation,	
	Reisekosten	300 €
	Geschenke	120 €
	Bewirtungskosten	160 €
	Fahrtkosten	630 €
	Sonstiges (Porto/Telefon/	
	Material etc.)	520 €
	Gesamtausgaben	2.530 €
Gewinn		**6.970 €**

Hat die Selbständige einen Umsatz von über 17.500 im Jahr, wird es ein wenig komplizierter, da sie zusätzlich zu den Anlagen G oder S die Anlage EÜR (Einnahmenüberschußrechnung) auszufüllen hat. Darauf wird der Gewinn nach amtlichen Vorgaben errechnet. Leider ist dieser Bogen für Laiinnen nicht immer leicht verständlich.

Das Prozedere jedoch bleibt gleich: Von den Einnahmen werden die Betriebsausgaben abgezogen, um Gewinn oder Verlust zu ermitteln. Nur will das Finanzamt hier dezidiert einige Sachen (genauer gesagt sind es etwa 50 Fragen) gesondert wissen: z.B. vereinnahmte und erstattete Umsatzsteuer, private Nutzung des Firmenwagens oder anderer Firmenwerte.

Die Kunst bei der Berechnung des Gewinns/Verlusts besteht bei beiden Methoden darin zu wissen, welche Betriebsausgaben das Finanzamt in welcher Höhe anerkennt. Dazu ist es wichtig, sich laufend auf den neuesten Stand der Dinge zu bringen, da es im Steuerrecht häufig Änderungen gibt. In der Regel kann die Selbständige nur Betriebsausgaben geltend machen, die nachweislich getätigt wurden, die also belegt werden können.

Für einige wenige Berufsgruppen ist jedoch auch ein pauschaler Abzug der Betriebskosten ohne Einzelnachweis erlaubt, z.B.:

- Bei hauptberuflicher schriftstellerischer oder journalistischer Tätigkeit ist ein pauschaler Abzug der Betriebskosten von 30 % des Umsatzes, maximal jedoch von 2.455 Euro im Jahr möglich.
- Bei nebenberuflicher künstlerischer, schriftstellerischer, wissenschaftlicher, Vortrags-, Prüfungs- oder Lehrtätigkeit sind 25 % vom Umsatz pauschal als Betriebsausgaben abziehbar, höchstens jedoch 614 Euro im Jahr.
- Tagesmütter, die Kinder in eigenen oder angemieteten Räumen betreuen, können eine Betriebsausgabenpauschale von 300 Euro je Kind und Monat geltend machen, wenn das Kind 5 Tage die Woche und 8 Stunden am Tag betreut wird. Ist der Betreuungsaufwand geringer, wird die Ausgabenpauschale anteilig gekürzt.

Die prozentuale Berechnung der Betriebsausgaben ist nur günstig für Selbständige, die niedrige Einkünfte und niedrige Betriebsausgaben haben. Rechnerisch kann beim pauschalen Betriebskostenabzug niemals ein Verlust entstehen.

Daneben können keine anderen Ausgaben geltend gemacht werden, allein der Abzug von beruflich bedingter doppelter Haushaltsführung wäre gegebenenfalls und ausnahmsweise möglich. Den kleinen Land- und Forstwirtinnen steht neben der Einnahmenüberschußrechnung das Verfahren der Gewinnermittlung nach Durchschnittssätzen zur Verfügung. Mit ihren Fragen sind sie bei den landwirtschaftlichn Buchstellen gut beraten.

Im Prinzip ist damit der Teil der Einkommensteuererklärung der Unternehmerin fertig. Sie muß die Einnahmen- und Ausgabenbelege nicht mitschicken, kann es aber tun. In jedem Fall müssen alle geschäftlichen Unterlagen ab sofort zehn Jahre aufbewahrt werden. Das Finanzamt kann zur Prüfung kommen.

Wie hoch wird die Einkommensteuer sein?

Selbst wenn Martina G., Nicole M. und Jenny K. einen gleich hohen Gewinn aus ihrer unternehmerischen Tätigkeit erwirtschaftet hätten – wieviel davon sie in Form von Einkommensteuer an das Finanzamt abgeben müssen, hängt von verschiedenen Faktoren ab und kann für jede anders sein.

Die Höhe der zu zahlenden Einkommensteuer richtet sich zum einen nach den individuellen Lebens- und Arbeitsverhältnissen, wie sie im Mantelbogen abgefragt werden, und zum anderen nach den sonstigen zurechenbaren Einkünften.

Alleinerziehende Frauen zahlen möglicherweise weniger Steuern auf ihren Gewinn als kinderlose. Eine Frau, die mit einem gut verdienenden Ehemann gemeinsam veranlagt wird, zahlt vermutlich mehr Steuern als eine, die allein veranlagt wird.

Wer neben dem Einkommen aus selbständiger Tätigkeit noch andere Einkünfte, z.B. aus Vermietung und Verpachtung, Vermögensverwaltung, Anstellung oder Arbeitslosigkeit bezieht, muß mehr von ihrem Gewinn abgeben als eine, die nur Einnahmen aus selbständiger Tätigkeit hat. Für die Höhe der Einkommensteuer werden die Einkünfte/Gewinne aus allen Einkunftsarten zusammengezählt. Von der Gesamtsumme werden dann Sonderausgaben und Freibeträge abgezogen (Spenden, außergewöhnliche Belastungen, Vorsorgeaufwendungen, all das eben, was im Mantelbogen abgefragt wird). Das ist je nach individueller Lebenslage sehr unterschiedlich.

Der verbleibende Rest ist der Betrag, der besteuert wird: das zu versteuernde Gesamteinkommen. Die prozentuale Belastung dieses Gesamteinkommens wächst, je höher die Summe ist. In der Steuersprache heißt das Steuerprogression.

Es gibt einen Grundfreibetrag bei der Einkommensteuer in Höhe des Existenzminimums, das bei Alleinstehenden auf 7.834 Euro, ab

2010 sogar 8004 Euro und bei gemeinsam Veranlagten auf 15.668 Euro, ab 2010 dann 16.008 Euro im Jahr festgesetzt wurde. Übersteigen die Einkünfte der Steuerpflichtigen die jeweiligen Grundfreibeträge, gibt es einen Eingangssteuersatz von 14 %, mit dem die Besteuerung beginnt; danach steigt der Steuersatz schrittweise bis auf 42 %. Das ist der Spitzensteuersatz, der zur Anwendung kommt, wenn das Einkommen (2010) 52.882 Euro bei Alleinstehenden und 105.764 Euro bei gemeinsam veranlagten Ehegatten übersteigt. Für zu versteuernde Einkommen ab 250.731 Euro bzw. 501.462 Euro (Alleinstehende bzw. gemeinsam Veranlagte) beträgt der Steuersatz nunmehr 45 %. Dazu kommt gegebenenfalls noch die Kirchensteuer und ein Solidaritätszuschlag von 5,5 %, der auf die Einkommensteuer (Stand 2009) erhoben wird.

Um ablesen zu können, wieviel Prozent und Euros als Steuern an das Finanzamt abgeführt werden müssen, hilft ein Blick in die Grund- oder Splittingtabellen, die jährlich in den Steuerratgebern veröffentlicht werden.

Anstellung und selbständige Tätigkeit

Was wird sich für Martina G. bei der Einkommensteuer verändern, wenn sie mit ihrer selbständigen Tätigkeit beginnt?

Als Angestellte braucht sie grundsätzlich keine Einkommensteuererklärung abzugeben, wenn neben dem Einkommen aus Anstellung keine anderen positiven Einkünfte über 410 Euro vorliegen. Nebeneinkünfte bis 410 Euro im Jahr sind steuerfrei.

Wenn die Einkünfte über 410 Euro lagen oder ein Verlust entstanden ist, wird sie die Einkommensteuererklärung machen und neben dem Bogen N (für Arbeitnehmerinnen) die Anlage G ausfüllen. Weitere Einkünfte hat sie nicht. Die Berechnung der zu versteuernden Einkünfte erfolgt dann – vereinfacht dargestellt – so:

Einkünfte aus Anstellung (Ergebnis Anlage N)
+ Gewinn/Verlust aus selbständiger Tätigkeit (Ergebnis Anlage G)
= Summe der Einkünfte
./. Freibeträge, Sonderausgaben (Spenden, Vorsorge,
    außergewöhnliche Belastungen etc.)
= zu versteuerndes Einkommen

Aus der Summe des zu versteuernden Einkommens ergibt sich der Prozentsatz, zu dem das Einkommen versteuert wird.

Hat Martina G. erfolgreich gearbeitet und mehr eingenommen als ausgegeben, also einen **Gewinn** erwirtschaftet, hat sie - steuerlich gesehen - Pech gehabt. Der Gewinn erhöht das Gesamteinkommen und damit auch den Steuersatz auf das Einkommen aus Anstellung. Martina G. wird auf die Einkünfte aus Anstellung Steuern nachzahlen müssen und Steuern auf den Gewinn entrichten.

Wer mehr verdient, zahlt mehr Steuern.

Ist aus der selbständigen Tätigkeit ein **Verlust** entstanden - das ist immer der Fall, wenn die Betriebsausgaben höher waren als die Einnahmen -, wird dieser von den Einnahmen aus Arbeitnehmerinnentätigkeit abgezogen.

Durch das niedrigere Gesamteinkommen verringert sich der Steuersatz (Steuerprogression!) für das Einkommen aus Anstellung, Martina G. bekommt einen Teil der schon bezahlten Steuern wieder.

Ehegattensplitting und selbständige Tätigkeit

Nicole M., die bisher mit ihrem Ehemann gemeinsam zur Einkommensteuer veranlagt wurde - so bezahlte der Ehemann durch das Ehegattensplitting weniger Steuern -, fragt nun, was für Steuern auf sie zukommen. Ihr Mann ist Angestellter, außerdem haben die beiden noch eine Wohnung, die sie vermieten. Die Berechnung der zu versteuernden Einkünfte erfolgt dann vereinfacht so:

Einkünfte aus Anstellung (Ergebnis Anlage N)
+ Gewinn/Verlust aus selbständiger Tätigkeit (Ergebnis Anlage G)
+ Einkünfte aus Vermietung (Ergebnis Anlage V)
= Summe der Einkünfte
./. Freibeträge, Sonderausgaben (Spenden, Vorsorge,
                             außergewöhnliche Belastungen etc.)
= zu versteuerndes Einkommen

Hier gilt ähnliches wie für die Angestellte mit Nebeneinkommen aus selbständiger Tätigkeit: Erwirtschaftet Nicole M. einen Verlust, freut sich der Ehemann, denn da sich das Gesamteinkommen verringert hat, bekommt er Steuern zurück, die er als Angestellter schon gezahlt hat. Erwirtschaftet Nicole M. allerdings einen Gewinn, dann sind die gemeinsamen Einkünfte höher, und damit erhöht sich auch insgesamt die Steuerlast.

Pech hat Nicole M., wenn sie einen gut verdienenden Ehemann mit einem Einkommensteuersatz von 42 % hat. Dann kann zwar der Steuersatz für den Ehemann kaum höher werden, aber auf jeden Euro Gewinn zahlt Nicole M. den hohen Steuersatz.

Nicole M. muß also rechnen und mit ihrem Mann klären, daß sich ihre Berufstätigkeit trotzdem lohnt. Vielleicht steht neben einem Besuch bei der Steuerberatung auch eine Beziehungsberatung an.

Arbeitslosigkeit und selbständige Tätigkeit

Jenny K. zahlt auf ihr Arbeitslosengeld keine Einkommensteuer. Was ändert sich mit ihrer selbständigen Tätigkeit?

Jenny K. füllt den Mantelbogen für die Einkommensteuererklärung aus und gibt unter dem Stichwort „Lohnersatzleistungen" (Seite 2 Zeile 39) die Gesamtsumme des bezogenen Arbeitslosengeldes an. Das Arbeitslosengeld II – Hartz IV genannt – wird hier nicht angegeben: Es ist weder zu versteuern noch unterliegt es dem Progressionsvorbehalt.

Dann füllt sie, wie alle anderen Selbständigen, die Anlage GSE aus und trägt dort den Gewinn aus ihrer Werbeagentur ein.

Lohnersatzleistungen wie Arbeitslosengeld I sind steuerfreie Einnahmen. Doch werden diese Einkünfte bei der Besteuerung des Gewinns aus selbständiger Tätigkeit und anderen steuerpflichtigen Einnahmen berücksichtigt. Steuerrechtlich heißt das: Die Lohnersatzleistungen unterliegen dem Progressionsvorbehalt.

Letztendlich folgt daraus, daß Jenny K. von ihrem Gewinn aus selbständiger Tätigkeit prozentual mehr an das Finanzamt abgeben muß als eine Selbständige, die kein Arbeitslosengeld bezieht.

Bekommt Jenny K. später für eine Existenzgründung aus der Arbeitslosigkeit den Gründungszuschuß von der Arbeitsagentur (siehe S. 99 ff), dann unterliegen diese Einnahmen nicht dem Progressionsvorbehalt und haben damit keine Auswirkungen auf die Höhe der Einkommensteuer.

Verluste als Liebhaberei?

Verlustreiche Nebentätigkeiten sieht das Finanzamt nicht gern, vor allem dann nicht, wenn sie gegen andere Einnahmen steuermindernd geltend gemacht werden. Das Finanzamt kann dahinter eine Liebhaberei vermuten und meint damit eine Betätigung, die nicht Ausdruck eines wirtschaftlichen, auf Gewinnabsicht beruhenden Verhaltens, sondern einer privaten Neigung ist, ein Hobby eben. Im Steuerbescheid erkennt das Finanzamt die steuermindernden Verlustabschreibungen nur vorbehaltlich an.

Wie lange ist eine Verlustabschreibung möglich?

Bei andauernden Verlusten unterstellt das Finanzamt gern das Fehlen einer Gewinnerzielungsabsicht bei der Unternehmerin. Doch das muß die Unternehmerin nicht auf sich sitzen lassen. Unternehmerinnen machen auch Fehler und verkennen die Gewinnaussichten oder die betrieblichen Erfordernisse ihres Unternehmens. Sie korrigieren und verändern ihre Geschäftspolitik. All das muß nicht in wirtschaftlichen Erfolg münden, sondern kann auch zu weiteren Verlusten führen. Die Schließung eines Betriebs ist die wohl wirksamste Umstellungsmaßnahme, wenn der Betrieb langfristig nur Verluste erwirtschaftet. Der Bundesfinanzhof hat erst bei einem Zeitraum von mehr als acht Jahren Bedenken geäußert *(BFH v. 6.3.80, BStBl 1980 II S.718)*.

Die Teilzeitselbständige sollte vor Ablauf dieser Frist einen bleibenden Überschuß erwirtschaften oder ihr Geschäft schließen oder sich eine Steuerfachanwältin leisten. Ansonsten können die Steuervorteile, die durch Verlustabschreibungen entstanden sind, vom Finanzamt **rückwirkend** zurückgefordert werden.

c. Steuerfreie Einnahmen

Einige Einnahmen sind steuerrechtlich begünstigt, was heißt, daß sie nicht steuerpflichtig sind. Dazu gehört unter anderem:

Die steuerfreie Übungsleiterpauschale § 3 Nr. 26 EStG
Einnahmen für bestimmte Tätigkeiten sind bis zu einer Höhe von

2.100 Euro im Kalenderjahr steuerfrei. Voraussetzungen dafür sind:
* Die Tätigkeit muß in Übungsleitung bestehen. Dazu zählen Trainingsleitung, Lehr- und Vortragstätigkeiten in Aus- und Fortbildung, Erziehung, Kranken- oder Altenpflege. Auch die Musikerin, Chorleiterin, Orchesterdirigentin brauchen die gezahlten Aufwandsentschädigungen bis zu 2.100 Euro nicht zu versteuern und hierfür keine Sozialversicherungsbeiträge abzuführen
* Die Tätigkeit wird nebenberuflich ausgeübt. Ein Hauptberuf ist nicht Voraussetzung. Auch Hausfrauen, Studentinnen, Arbeitslose und Rentnerinnen können als Übungsleiterin tätig sein. Wichtig ist, daß nicht mehr gearbeitet wird als ein Drittel der Stunden einer Vollzeitarbeitskraft, also nicht mehr als ca. 13 Stunden in der Woche.
* Die Auftraggeber sind gemeinnützige oder mildtätige Organisationen, öffentliche Träger oder die Kirche.

Liegen die Voraussetzungen vor, ist ein Einkommen aus diesen Tätigkeiten bis zu 2.100 Euro im Kalenderjahr steuer- und sozialversicherungsfrei. Der Abzug von tatsächlichen Werbungskosten oder Betriebsausgaben ist bei der Übungsleiterpauschale ausgeschlossen. Das ist nur möglich für die Einnahmen, die über 2.100 Euro liegen.

Einnahmen aus Grundpflege und hauswirtschaftlicher Versorgung (§ 3 Nr. 36 EStG)

Einnahmen aus dieser Arbeit sind kein Arbeitsentgelt, wenn sie von Angehörigen der Pflegebedürftigen oder Personen erbracht werden, die damit eine sittliche Pflicht gegenüber der Pflegebedürftigen erbringen (z.B. aufgrund einer langjährigen Lebensgemeinschaft).

Das Einkommen darf jedoch nicht höher sein als monatlich
* für Pflegebedürftige der Pflegestufe I 215 Euro,
* für Pflegebedürftige der Pflegestufe II 420 Euro,
* für Pflegebedürftige der Pflegestufe III 675 Euro.

Ab 2010 erhöhen sich diese Beträge um jeweils 10 Euro.

Einnahmen aus der Vollzeitpflege nach § 3 Nr. 11 EStG

Die Einnahmen der Tagesmutter sind bis auf die Zuschüsse zur Unfall-, Renten- und Krankenversicherung steuerpflichtig geworden. Pflegegeld, das für Vollzeitpflege nach § 33 SGB 8 ausgezahlt wird, ist dagegen weiterhin steuerfrei, wenn nicht mehr als sechs Kinder betreut werden.

Die Bestandteile der Vergütungen an Bereitschaftspflegepersonen, die unabhängig von der tatsächlichen Aufnahme von Kindern geleistet werden, fördern nicht unmittelbar die Erziehung, und so sind die Platzhaltekosten und Bereitschaftsgelder steuerpflichtig.

Zusammenfassung

Das Steuerrecht ist eine umfangreiche und komplizierte Materie. Dennoch sind die Themen, die für Selbständige relevant sind, noch recht übersichtlich, zumindest für kleine Unternehmen. Was sollen Martina G., Nicole M. und Jenny K. nun tun? Nach dem, was sie bisher gelesen haben, ist die Anzahl der Fragen gestiegen. Nicole M. hat noch das Glück, durch ihre kauffrauliche Vorbildung einen leichteren Zugang zum Thema zu haben.

Zur Vorbereitung der Selbständigkeit wird es sinnvoll sein, das Wissen um die Steuerfragen zu vertiefen. Das kann in einem Seminar zu Buchführung und Steuern für Selbständige geschehen, in der Lektüre von Steuerratgebern aus der Buchhandlung oder beim Test von Steuerratgeber-Software.

Literatur:
Steuertipps für Existenzgründerinnen und Existenzgründer, hg. vom Finanzministerium NRW, Jägerhofstr. 6, 40479 Düsseldorf.

Internet:
www.finanzamt.de (Finanzverwaltung von Bund und Ländern)
www.bundesfinanzministerium.de (Informationen und Formulare)
www.elster.de (Formulare und Software für die elektronische Steuererklärung)
www.steuerlinks.de (mit Grund- und Splittingtabelle)
www.abgabenrechner.de (interaktives Angebot des Bundesfinanzministeriums zur Einkommensteuerberechnung)

11. SONSTIGE ERLAUBNISSE UND MELDEPFLICHTEN

Welche Vorschriften haben Jenny K., Nicole M. und Martina G. bei ihrer Teilzeitgründung zu beachten? Müssen sie sich irgendwo melden, wenn sie mit ihrer Teilzeitselbständigkeit beginnen?

Sie leben zwar unter den Bedingungen von Markt- und Berufsfreiheit, doch es gibt eine Menge Regeln, die diese Freiheiten beschränken. Und diese Regeln gelten auch für Teilzeitselbständige.

a. Personengebundene Erlaubnisse

Personengebundene Erlaubnisse sind vor allem in den berufsrechtlichen Regelwerken beschrieben. Viele Berufe dürfen ohne ein bestimmtes Ausbildungsprofil nicht ausgeübt werden.

Besonders streng sind die Bereiche des Handwerks und des Heilens reguliert.

Wer wesentliche Teile eines der mittlerweile nur noch 41 **Handwerke** ausüben will (Haare schneiden, elektrische Leitungen legen, ein Dach ausbauen...), muß immer noch einen Meisterbrief haben oder eine Ausnahmegenehmigung der zuständigen Handwerkskammer erlangen, um sich selbständig machen zu können.

Letzteres ist nicht leicht. Manchmal ist es einfacher, nach Schlupflöchern zu suchen.

Weitere Informationen hierzu: Bundesverband unabhängiger Handwerkerinnen und Handwerker (BUH e.V.), Artilleriestr. 6, 27283 Verden; www.buhev.de.

Heilkunde ausüben, das ist die Feststellung, Heilung oder Linderung von Krankheiten, Leiden oder Körperschäden bei Menschen, dürfen in Deutschland nur Menschen, die die ärztliche Approbation haben oder Heilpraktikerin sind oder Psychologische PsychotherapeutInnen nach dem Psychotherapeutengesetz (PsychThG).

Wer keine Zulassung dieser Art hat, darf keine Heilmethoden anwenden. Es darf nichts angeboten werden, was medizinische

Fachkenntnisse voraussetzt oder aber gesundheitliche Schädigungen verursachen kann. Zu den erlaubnispflichtigen Anwendungen zählen auch solche, die keine Krankenversicherung zahlen würde, z.B. das Piercing unter Anwendung örtlicher Betäubung mittels Injektion eines Arzneimittels, aber auch Osteopathie, Fußreflexzonenmassage, Shiatsu, Leberflecken- und Warzenentfernung oder die Faltenunterspritzung.

Die Tierheilpraktik ist noch nicht gesetzlich geregelt, wenngleich sich diese Selbständigen beim zuständigen Veterinäramt und bei der Arzneimittelüberwachungsbehörde melden müssen.

Weitere Informationen für alle Heilerinnen finden sich in dem Buch von Marie Sichtermann, „Heilkunde, Therapie und Selbständigkeit" (Verlag Frauenoffensive, München, Neuauflage 2007).

Auch andere Berufe haben Zulassungsbeschränkungen: die Steuerberaterin, die Rechtsanwältin, die Architektin, die Notarin, die Physiotherapeutin, die Atem-, Stimm- und Sprechtherapeutin, die Podologin (medizinische Fußpflege) und viele andere mehr.

Nicole M.

Wenn Nicole M. im Rahmen ihres Büroservice auch Buchführung für Handwerksbetriebe anbietet, muß sie die dafür gesetzlich festgeschriebenen Voraussetzungen mitbringen. Das sind:

- die Abschlußprüfung in einem kauffraulichen Beruf oder als Steuerfachgehilfin und
- der Nachweis von mindestens drei weiteren Jahren hauptberuflicher Tätigkeit auf dem Gebiet des Buchführungswesens.

Diese Voraussetzungen erfüllt Nicole M., sie darf also einen Buchführungsservice eröffnen. Folgende Tätigkeiten sind ihr erlaubt:

- Buchung laufender Geschäftsvorfälle,
- laufende Lohnabrechnung,
- Lohnsteueranmeldung.

Es gibt Dinge, die sie als Buchführungsservice nicht anbieten darf:

- Buchführung eines Betriebes einrichten (Kontenplan aufstellen),
- Umsatzsteuervoranmeldung erstellen,
- Bilanz oder Jahresabschluß erstellen.

Diese Tätigkeiten sind den steuerberatenden Berufen vorbehalten.

Martina G.
Organisationsberatung und Supervision sind keine gesetzlich geschützten Berufstätigkeiten. Jede darf sie ausüben. Auch wenn Martina G. Kommunikationstrainings gibt, ist sie frei von gesetzlichen Beschränkungen: Das Unterrichten – außer an öffentlichen Schulen und bei Fahrschulen – ist nicht eingeschränkt. Für Beratungen im Bereich der sozialen Konflikte, z.b. Ehe-, Familien- oder Erziehungsberatung, braucht sie ebenfalls keine Erlaubnis.

Jenny K.
Weder Web- noch Grafikdesign unterliegen speziellen rechtlichen Regeln. Diese Berufe können von jeder Frau ausgeübt werden.

In vielen anderen Berufen gibt es ebenfalls keine weiteren Anforderungen an die Qualifikation, Berufsausbildung und -erfahrung und dennoch ein paar Voraussetzungen, die die Person, die gründet, mitbringen muß. Hier nur einige Beispiele:

• Verkauft die Unternehmerin selbst hergestellte Seifen, hat sie die Kosmetikverordnung zu beachten. So müssen die Produkte zertifiziert sein und alle Inhaltsstoffe angegeben werden.

• Wer mit Lebensmitteln hantiert, braucht eine Belehrungsbescheinigung gemäß § 43 Abs. 1 i.V.m. § 42 Abs. 1 IfSG (Infektionsschutzgesetz).

• Auch die Maklerin, die Versicherungsagentin, die Reisegewerbetreibende brauchen eine spezielle Erlaubnis.

Fast jeder Beruf hat ein mehr oder weniger umfangreiches Umfeld von Ge- und Verboten. Viel über allgemeine Regelungen ist bei der Homepage der IHK unter der Rubrik „Recht und Fair Play" zu erfahren. Wer wissen möchte, welches rechtliche Umfeld den eigenen Beruf umgibt und welche Konzessionen und Gebühren fällig werden, wende sich bitte an die entsprechenden Berufsverbände, die Berufskammer, die IHK oder die Handwerkskammer. Bei den Volks- und Raiffeisenbanken gibt es über einige Berufe Branchenbriefe, die auch im Internet über eine Suchmaschine zu finden sind.

b. Raumgebundene Erlaubnisse

Eine ebenso umfangreiche Vielzahl von Regeln gibt es bezüglich von Räumen, in denen gearbeitet wird.

- Wer Angestellte hat, muß gegebenenfalls die Arbeitsstättenverordnung beachten. Darin sind unter anderem die notwendige Höhe, Belüftung und Beleuchtung von Räumen geregelt.
- Wer in der Berufsgenossenschaft gegen Arbeitsunfälle versichert ist, muß die Arbeitsschutzbestimmungen einhalten. Diese beinhalten auch Anforderungen an die Ausstattung des Arbeitsplatzes und an die Räume.
- Für manche Branchen und Berufe gibt es spezielle Anforderungen an die Räume und ihre Ausstattung, z.B.:
  - Für Gaststätten bzw. Küchen, die gewerblich genutzt werden, gibt es umfangreiche Auflagen an die Ausstattung und bauliche Einrichtung.
  - Für Kosmetik, Fußpflege, Tatoo und Piercing gibt es Auflagen des Gesundheitsamtes an die Ausstattung und Oberflächen des Arbeitsplatzes.
  - Heilberufe mit Kassenzulassung dürfen nicht in Wohnräumen ausgeübt werden.

Aktuelle Informationen sind bei den jeweiligen Berufs- und Branchenverbänden einzuholen.

Für Teilzeitselbständige eine der wichtigsten Raumfragen ist: **Darf ich in meiner Wohnung oder in meinem Haus arbeiten?**
Damit sind wir bei einem sehr komplexen Thema angelangt, bei dem verschiedene rechtliche Regelungen greifen können.

Das Zweckentfremdungsrecht

Das Zweckentfremdungsrecht ist nicht bundeseinheitlich geregelt. Deswegen hier nur ein grober Überblick.

In vielen Städten und Gemeinden gelten Verordnungen über das Verbot der Zweckentfremdung von Wohnraum. Normalerweise gilt das Zweckentfremdungsverbot für Sozialwohnungen. Es gewährleistet, daß öffentlich geförderter Wohnraum auch wirklich als Wohnung genutzt wird. Darüber hinaus wird von einigen Landesregierungen in Gebieten mit „erheblichem Wohnungsfehlbestand" bei allen anderen Wohnungen eine Zweckentfremdung verboten oder von einer behördlichen Genehmigung abhängig gemacht.

Grundsätzlich gilt im Zweckentfremdungsrecht: Die geschäftliche bzw. gewerbliche Nutzung von Wohnraum ist Wohnraumzweckentfremdung und in der Regel nicht erlaubt. Wohnraum gilt immer als zweckentfremdet, wenn der gesamte Wohnraum umgenutzt werden soll. Eine Zweckentfremdung ist nicht gegeben, wenn weniger als die Hälfte der Wohnfläche ausschließlich beruflichen oder gewerblichen Zwecken dient (BVerwG v. 22.4.1994).

Die Gründerin muß also herausfinden, ob in ihrer Stadt eine Zweckentfremdungsverordnung gilt – das erfährt sie im Rathaus – und wenn ja, ob sie dagegen verstößt. Das wäre der Fall, wenn sie mehr als die Hälfte des Wohnraums für ihre Firma nutzt. Entweder muß das Unternehmen dann andere Räume suchen, oder es wird ein Antrag auf Genehmigung der Zweckentfremdung gestellt.

Zulässigkeit nach dem Baurecht

Liegt für die Stadt keine Zweckentfremdungsverordnung vor, ist die Nutzung des Eigenheims als Geschäftsraum dennoch nicht immer erlaubt. Wird der Keller zum Computerschulungsraum um- oder das Dachgeschoß als Yogazentrum ausgebaut, ist ein Antrag auf Baugenehmigung unvermeidlich, wenn das Unternehmen auf legalen Füßen stehen soll. Ist die Gründerin erst einmal beim Bauamt, können ihr Auflagen erteilt werden. Es kann z.b. sein, daß sie Parkplätze stellen oder Maßnahmen zur Lärmvermeidung vorsehen muß.

Auch wenn der gesamte Wohnraum ausschließlich für das Unternehmen genutzt wird, liegt eine Nutzungsänderung nach dem Baurecht vor, und dafür muß die Eigentümerin der Wohnung beim zuständigen Bauamt eine Baugenehmigung beantragen.

Weder Martina G. noch Jenny K. noch Nicole M. wollen mehr als die Hälfte ihrer Wohnungen für ihre geschäftliche Tätigkeit nutzen. Ausbauen wollen sie auch nicht. Kundenverkehr werden die Gründerinnen nicht groß haben, sie suchen ihre Kundschaft meist in deren Geschäftsräumen auf. Müssen die drei für eine solche geschäftliche Nutzung von Wohnraum eine Baugenehmigung beantragen? Hier sind die Regeln schon etwas anders als im Zweckentfremdungsrecht. Eine baugenehmigungspflichtige Umnutzung wird z.T. schon angenommen, wenn ein Wohnraum ausschließlich als Büro genutzt wird. Ein Indiz dafür kann das Aushängen eines Firmenschildes sein.

Versagt werden kann diese Genehmigung nur dann, wenn die geschäftliche Nutzung der Eigenart des Baugebietes widerspricht. In reinen Wohngebieten wird die Nutzung von Wohnraum durch Freiberuflerinnen (siehe S. 90 ff) und vergleichbar ruhige Dienstleisterinnen wie die Fußpflegerin, die Handelsvertreterin ohne Auslieferungslager, die Maklerin oder die Versicherungsagentin meist zugelassen. Eine geschäftliche Nutzung von Wohnräumen kann immer dann verboten, eingeschränkt oder mit Auflagen versehen werden, wenn mit Belästigungen und Störungen gerechnet werden muß, die für die Umgebung unzumutbar sind. Das können z.B. verstärktes Verkehrsaufkommen, Lärm oder Geruchsbelästigungen sein. Aber auch die qualitative Veränderung eines reinen Wohngebietes durch eine zu große Anzahl von Dienstleisterinnen kann Gegenstand des Genehmigungsverfahrens sein. In allgemeinen Wohngebieten und in Mischgebieten ist die Genehmigungspraxis großzügiger.

Keine Baugenehmigung wird benötigt, wenn die geschäftliche Mitbenutzung der Wohnung wirklich nur geringfügig ist.

Beispiel: Nicole M. benutzt das Wohnzimmer für Wohnzwecke und für ihren Büroservice. Jenny K. nutzt einen Kellerraum als Lager und für die grafische Tätigkeit. In beiden Fällen bedarf es in der Regel keiner Baugenehmigung. Nutzt Martina G. ein Zimmer ausschließlich für Beratungen, wird es kritisch. Aber wer wird es je erfahren?

Problematisch sind baurechtliche Fragen immer dann, wenn die Nachbarschaft die Geschäftstätigkeit nicht gern sieht. Unzählige Unternehmen werden von der häuslichen Wohnung aus betrieben, ohne daß je eine Baugenehmigung beantragt wurde. Dem Bauamt fällt das meist erst auf, wenn Beschwerden der Nachbarn über Lärm oder Parkplatzprobleme laut werden.

Gehen wir mal davon aus, daß die drei Teilzeitgründerinnen

nicht gegen das Zweckentfremdungsrecht verstoßen und auch keine Baugenehmigung beantragen müssen.

Zulässigkeit nach dem Mietrecht

Es bleibt noch die Frage: Was ist mit der Vermieterin? Welchen Einfluß hat die auf die berufliche Nutzung der Wohnung?

Solange keine baulichen Veränderungen vorgenommen werden und lediglich ein untergeordneter Teil der Wohnung zum gelegentlichen Arbeiten genutzt wird, muß die Vermieterin weder informiert noch um Erlaubnis gebeten werden.

Die Zustimmung der Vermieterin muß jedoch eingeholt werden, wenn die ganze Wohnung oder ein erheblicher Teil davon ausschließlich zu etwas anderem als zu Wohnzwecken genutzt wird, insbesondere wenn eine erhöhte Abnutzung oder eine Gefahr der Beschädigung droht. Bei allen Tätigkeiten, die nach außen hin klar erkennen lassen, daß die Wohnung beruflich genutzt wird – etwa Hinweisschilder oder Kundinnenverkehr –, muß ebenfalls die Genehmigung der Vermieterin eingeholt werden. Steht im Mietvertrag ein Erlaubnisvorbehalt für eine berufsmäßige Nutzung des Wohnraums, ist die Vermieterin ebenfalls vorher zu fragen.

Und wenn die Vermieterin die Erlaubnis nicht gibt?

Grundsätzlich läßt sich sagen, daß die Vermieterin zur Duldung einer beruflichen Tätigkeit in der Wohnung verpflichtet ist, wenn damit keine Schädigung der Wohnung und keine unzumutbaren Belästigungen der Mitmieter verbunden sind. Es darf also von der geschäftlichen Mitnutzung der Wohnräume keine stärkere Beeinträchtigung ausgehen als bei einer reinen Wohnraumnutzung.

Was eine starke Beeinträchtigung ist, damit haben sich in Einzelfallprüfungen schon viele Gerichte beschäftigen müssen.

Kunstmalerinnen, Journalistinnen und Übersetzerinnen dürfen in ihrer Mietwohnung arbeiten, auch Architektinnen dürfen in ihrer Wohnung Baupläne anfertigen, und Nicole M. wird ihren Buchhaltungs- und Büroservice ausüben können. Eine astrologische Beratung oder eine Hausschneiderei mit geringem Kundschaftsverkehr können nicht verboten werden.

Wenn die berufliche Tätigkeit mit Kundenverkehr verbunden ist, bestimmen die Umstände des Einzelfalls, ob diese Nutzung noch vertragsgemäßen Wohnungsgebrauch darstellt. Wichtig ist hier vor allem die Anzahl der Kundschaft. Bei 3 Personen täglich wird keine erhöhte Abnutzung des Mietobjekts angenommen. Im Fall der Nutzung der Wohnung (Wohnfläche 90 qm) durch eine Tagesmutter hat die Rechtsprechung die Betreuung von 3 fremden Kindern für zulässig erachtet, die Betreuung von 5 fremden Kindern als vertragswidrig.

Der vertragswidrige Gebrauch einer Wohnung ist jedoch nur mit Erlaubnis der Vermieterin möglich. Für diese Erlaubnis kann ein Aufschlag auf die Wohnungsmiete verlangt werden, in der Regel bis zu 20 % der Kaltmiete.

Die Abgrenzung erlaubter von nicht vertragsgemäßer Wohnraumnutzung ist in der Praxis oft nicht einfach. Letztlich entscheiden im Einzelfall die Gerichte darüber, ob die Duldungspflicht der Vermieterin entfällt oder gar eine genehmigungspflichtige Zweckentfremdung der Wohnung vorliegt. Wer in der Wohnung Hilfskräfte beschäftigt oder störende Maschinen verwendet, kann sich jedenfalls nicht auf die Duldungspflicht der Vermieterin berufen.

Für die Selbständige ist es immer problematisch – ob sie recht hat oder nicht –, wenn sie gegen den Willen ihrer NachbarInnen und VermieterInnen die Wohnung geschäftlich nutzt und die Kundschaft gelegentlich kommt. Sie kann von den Nachbarinnen und Vermieterinnen vergrault werden. Also besser im Einverständnis mit der Umwelt gründen.

Internet:
www.mieterbund.de (mit Adressen der örtlichen Mietervereine)

Wo muß ich mich melden?

Wer sich bis hierhin durchgelesen hat, will sich offensichtlich trotz allen Regelwerks und der Kosten immer noch selbständig machen.

Vor Beginn der selbständigen Tätigkeit – auch bei Teilzeitselbständigkeit – möchte der Staat davon erfahren.

Eigentlich ist es ganz einfach: Die Gewerbetreibenden melden sich in ihrer Stadt bei den Gewerbeämtern, die Freien Berufe beim zuständigen Finanzamt! Doch für die Gründerin stellt sich die Frage: Was bin ich?

Freie Berufe im Sinn des Einkommensteuerrechts (§ 18 EStG):
- wissenschaftliche Betätigung;
- künstlerische Betätigung;
- schriftstellerische Betätigung;
- persönliche Dienstleistungen höherer Art (Katalogberufe):
  Ärztin, Anwältin, Notarin, Steuerberaterin,
  Betriebsberaterin, Hebamme, Heilpraktikerin,
  Logopädin, Physiotherapeutin, Architektin,
  Übersetzerin, Dolmetscherin;
- erziehende und unterrichtende Tätigkeiten
- und alle ähnlichen Berufe.

Gewerbe ist immer die selbständige Tätigkeit in den Bereichen
- Handel;
- Handwerk;
- Industrie;
- Gastronomie;
- sonstige Dienstleistungen.

Das Abgrenzungsproblem zwischen Gewerbe und Freiem Beruf ergibt sich vor allem bei den Dienstleistungen. Bei jedem neuen Dienstleistungsberuf muß überprüft werden, ob es ein Freier Beruf oder Gewerbe ist. Wer nicht zu den im Einkommensteuerrecht aufgezählten Freien Berufen gehört, muß überlegen, ob sie einen „ähnlichen Beruf" ausübt. Letztlich entscheiden die Finanzgerichte.

Martina G. als Supervisorin und Organisationsberaterin taucht nicht im Katalog der Freien Berufe auf. Beratung ist nicht als solche Freier Beruf. Macht sie etwas ähnliches wie die oben genannten Berufe? Als Supervisorin ist sie keine Betriebsberaterin in dem Sinn, daß sie betriebswirtschaftliches Know-How vermittelt. Auch wird sie nicht heilend tätig wie eine Psychotherapeutin. Auch unterrichtet oder erzieht sie ihre Kundschaft nicht. Vom Bundesfinanzhof würde sie wohl als Gewerbetreibende eingestuft. Es kann aber gut sein, daß das zuständige Finanzamt ihre Tätigkeit als höhere Dienstleistung, als Freien Beruf anerkennt.

Nicole M. ist mit ihrem Büroservice Gewerbetreibende.

Jenny K. als Grafik-Designerin wird von manchen Finanzämtern vermutlich als Freiberuflerin anerkannt, von anderen wird sie zum Gewerbeamt geschickt werden. Es gibt immer noch einen Streit darüber, ob und wann Werbegrafik Kunst ist oder nicht. Maßgeblich ist der künstlerische Gehalt der Arbeiten. Bei manchen Finanzämtern reicht als Nachweis eine künstlerische Ausbildung, bei anderen ist gegebenenfalls ein Sachverständigengutachten notwendig.

Im Zweifelsfall muß sich eine Gründerin beim Finanzamt erkundigen. Dort gibt es immer eine Liste von Berufen, die als Freier Beruf anerkannt sind. Wenn die Gründerin mit der Eingruppierung nicht einverstanden ist, muß sie sich mit dem Finanzamt oder Gewerbeamt darüber streiten.

Aber warum? Welche Vor- und Nachteile hat diese Einordnung?

Bisher ist der Freie Beruf die vorteilhaftere Position.

Es ist noch so, daß Gewerbetreibende eine zusätzliche Steuer zu zahlen haben, die Gewerbesteuer (siehe S. 64). Für Unternehmerinnen mit einem Gewinn unter 24.500 Euro im Jahr ist das jedoch nicht bedeutsam.

Außerdem sind Gewerbetreibende Pflichtmitglieder entweder der IHK (Industrie- und Handelskammer) oder der Handwerkskammer – mit der dazu gehörenden Beitragspflicht.

Nicht ins Handelsregister eingetragene Gewerbetreibende, deren Jahresgewinn aus Gewerbebetrieb unter 5.200 Euro beträgt, sind von den Beiträgen zur IHK befreit. Ist der Verdienst höher, kann es eine befristete Befreiung von den IHK-Beiträgen geben. Voraussetzung ist, daß

• der Gewinn pro Jahr 25.000 Euro nicht übersteigt und
• es in den letzten 5 Jahren vor Betriebseröffnung keine Einkünfte aus Land- und Forstwirtschaft, Gewerbebetrieb oder selbständiger Arbeit gab sowie keine mittelbare oder unmittelbare Beteiligung zu mehr als 10 % an einer Kapitalgesellschaft.

Bei der Handwerkskammer gelten ähnliche Regeln: Wer unter 5.200 Euro Gewinn im Jahr erwirtschaftet und keinen zulassungspflichtigen Meisterberuf ausübt, zahlt keinen Kammerbeitrag. Ist der Gewinn höher, aber noch unter 25.000 Euro, zahlt die Gründerin im ersten Geschäftsjahr keinen Beitrag, im zweiten und dritten nur die Hälfte.

Weitere Meldepflichten
Das Berufsrecht erfordert häufig weitere Meldepflichten bei zum Beispiel diesen Institutionen:
- Jugendamt (Tagesmütter),
- Gesundheitsamt (Heilerinnen, Heilhilfsberufe),
- Berufskammern (Ärztinnen, Architektinnen, Anwältinnen...),
- Amtsgericht (Handelsregistereintrag für die Handelsvertreterin),
- IHK (Versicherungsvermittlerinnen und -beraterinnen).

Es kann noch weitere Meldepflichten geben, z.B.:
- die GEZ, wenn im Privatwagen während einer Arbeitsfahrt, im Büro oder in der Praxis ein Radio läuft oder für einen beruflich genutzten PC mit Internetanschluß;
- die GEMA, wenn Musik im Rahmen der Kurse, im Laden, auf der Website gespielt wird;
- die KSK, wenn eine von Kunst lebt, ohne sie selber zu machen oder zu unterrichten. Das sind nicht nur die bekannten Kunstverwerterinnen wie Zeitung, Verlag, Galerie. Mittlerweile werden auch für die Künstlersozialabgabe verstärkt Unternehmerinnen herangezogen, die „Werbung oder Öffentlichkeitsarbeit betreiben und nicht nur gelegentlich Aufträge an selbständige Künstler oder Publizisten vergeben".

Weitere **Informationen** gibt es z.B. bei
- den Berufs- und Branchenverbänden,
- den Kammern (IHK: www.diht.de; HWK: www.zdh.de),
- der GEMA (www.gema.de),
- der GEZ (www.gez.de),
- der KSK (www.kuenstlersozialkasse.de),
- den Gewerbeämtern,
- dem Bundesverband der Freien Berufe (www.freie-berufe.de).
- Auf www.formulare-bfinv.de ist das Formular zur steuerlichen Anmeldung der Unternehmerin zu finden.

12. FÖRDERUNG VON EXISTENZGRÜNDUNG

Ruft frau in der Förderdatenbank des Bundeswirtschaftsministeriums Förderprogramme für Existenzgründer und Existenzgründerinnen auf, erscheinen 177 Treffer auf 30 Seiten.

Die übliche Förderung für die berufliche Selbständigkeit besteht in der Bereitstellung von zinsgünstigen Darlehen für Gründerinnen. Der Zuschuß besteht in diesem Fall darin, daß das für die Gründung benötigte Geld unter dem Marktzins verliehen wird.

Die meisten Existenzgründungsdarlehen werden jedoch nur für Vollzeitgründungen vergeben. Und das eigentlich nur, wenn die Summe, die gewünscht wird, auch imposant genug ist.

Es ist relativ leicht, bei der Bank ein Darlehen für ein Auto oder eine Einbauküche zu bekommen. Ein Darlehen von 4.000 Euro für eine Existenzgründung zu erhalten – das ist fast unmöglich.

a. Startgeld

Nur ein Darlehensprogramm kommt auf Bundesebene auch für Teilzeitgründungen in Betracht: das Startgeld. Dieses Darlehen wird bei der Bank beantragt. Die wird Unterlagen über das geplante Geschäft verlangen: das Gründungskonzept, die Qualifikation der Gründerin und eine Kalkulation des Kapitalbedarfs, der Betriebsausgaben und der Rentabilität. Die Banken müssen den Darlehensantrag weder annehmen noch bearbeiten noch genehmigen – egal wie plausibel die Unterlagen auf einen geschäftlichen Erfolg hinweisen. Einen Anspruch auf dieses Darlehen gibt es nicht.

Dieses Darlehen kommt für Gründerinnen mit einem „geringen" Fehlbedarf an Eigenmitteln von bis zu 50.000 Euro in Betracht. Die Gründung kann auch vorläufig im Nebenerwerb erfolgen, die Gründerin darf aber noch nicht mit ihrem Vorhaben angefangen haben. Das Darlehen kann jedoch auch zur Festigung und Vergrößerung des Unternehmens in den ersten drei Geschäftsjahren in Anspruch genommen werden.

Die Darlehensbedingungen sind:
- Das Darlehen kann bis zur Höhe von 100 % des Kapitalbedarfs gegeben werden, es ist also kein Eigenkapital erforderlich.
- Die Laufzeit beträgt 10 Jahre, in den ersten beiden Jahren muß das Darlehen noch nicht getilgt werden. Bei geringen Summen ist die Laufzeit 5 Jahre bei maximal einem tilgungsfreien Jahr.
- Für die Bank gibt es eine 80-%-Haftungsfreistellung. Für 80 % der geliehenen Summe geht die Bank dadurch überhaupt kein Risiko ein. Mindestens für den Rest werden ban^kübliche Sicherheiten verlangt (Bürgschaften, Lebensversicherungen etc.).
- Der Darlehensbetrag wird zu 100 % ausgezahlt.
- Die Zinsen liegen Mitte 2009 bei 5,75 % effektiv für das Darlehen mit zehnjähriger und 5,64 % für das mit fünfjähriger Laufzeit.

b. Kleinstkredite/Mikrolending
Kleinkredite in der Nachgründungsphase gibt es auch in einigen Bundesländern oder Regionen. Über akkreditierte Partnerorganisationen, unterstützt von der Bundesagentur für Arbeit, Stiftungen, Banken, Wirtschaftsförderungen und der EU, werden Minidarlehen mit sehr kurzen Laufzeiten, Weiterbildung und Begleitung geboten. Da vor Ort unterschiedlich strukturierte Angebote existieren, wird hier nur auf die Homepage www.mikrofinanz.net verwiesen, wo die aktuellen Kontaktdaten der Mikrofinanzierer zu finden sind.

c. Länderförderung
Neben den Förderprogrammen des Bundes bieten die Länder günstige Darlehen für Existenzgründungen an. Auch hier überwiegen die Förderprogramme für Vollerwerbsgründungen mit hohem Kapitalbedarf – durch die etliche Arbeitsplätze geschaffen werden sollen, möglichst in besonders strukturschwachen Gebieten. Einige Bundesländer haben mittlerweile jedoch Förderprogramme für Kleinstgründungen geschaffen, insbesondere für Gründungen durch besondere Zielgruppen, wozu häufig Arbeitslose und Frauen zählen. Die Förderung umfaßt Beratungs-, Coachings-, Schulungs- und Darlehensprogramme, auch für kleinere Kapitalbedarfe. In den Ländern Sachsen, Mecklenburg-Vorpommern, Bremen und Nordrhein-West-

falen gibt es endlich auch die Möglichkeit von Minidarlehen, die von der Hausbank nicht bearbeitet werden.

d. Zuschüsse zu Beratungs- und Coachingkosten

Wer sich vor einer Gründung beraten lassen will, um optimal vorbereitet an den Start zu gehen, kann möglicherweise einen Zuschuß zu den Beratungskosten bekommen. Hierzu gibt es in den meisten Bundesländern Fördermittel, die vor Beginn der Beratung beantragt werden müssen. Meist handelt es sich dabei um einen Zuschuß von ca. 50 % der Beratungskosten. In einigen Regionen ist der Zuschußanteil höher. In Bayern beträgt er 2009 bis 70 %, in Bremen bis 80 %. NRW bezuschußt bis zu 50 %, für Arbeitslosengeldbezieherinnen, Berufsrückkehrende und Hochschulabsolventinnen können bis zu 80 % der Ausgaben ersetzt werden. Beratungsförderung vor der Gründung gibt es auch für die vorläufige Teilzeitgründung, wenn eine hauptberufliche Selbständigkeit angestrebt wird. Andererseits kann dieser Zuschuß beantragt werden, wenn aus der Teilzeitgründung eine Vollerwerbstätigkeit erwachsen soll.

Die Förderbedingungen werden im Internet meist sehr zeitnah veröffentlicht und können über die Landeswirtschaftsministerien oder die Wirtschaftsfördereinrichtungen vor Ort erfragt werden.

Für den Beratungsbedarf innerhalb der ersten 5 Jahre nach der Gründung gibt es das Programm „Gründercoaching Deutschland".

Bezuschußt werden in den neuen Bundesländern 75 %, in den alten Bundesländern einschließlich Berlin in der Regel 50 % der Beratungskosten. Gründerinnen, die aus der Arbeitslosigkeit kommen und den Gründungszuschuß der Arbeitsagentur, Arbeitslosengeld II (Hartz IV) oder Einstiegsgeld erhalten, können im ersten Jahr der Gründung einen erhöhten Zuschuß von 90 % zu den Beratungskosten beantragen.

Die Anträge für diese Fördermittel sind wie üblich vor der Beratung zu stellen. Ansprechpartnerinnen vor Ort lassen sich über die Industrie- und Handelskammern und die Wirtschaftsförderung herausfinden. Im Internet sind Einzelheiten zur Förderung und Antragstellung bei der KfW-Mittelstandsbank zu finden.

Ist das kleine Unternehmen älter als 5 Jahre, gibt es das Gründercoaching nicht mehr. Das muß jedoch nicht heißen, daß es keine Beratungsförderung mehr gibt. Bund und Länder halten zahlreiche Beratungsspezialtöpfe bereit. Ob das die Potentialberatung in NRW oder das Förderprogramm Personalentwicklung in Baden-Württemberg, Energieeffizienzberatungen, Beratungen zur Exportförderung oder zur landwirtschaftlichen Umstellung sind: Es gibt Förderungen zu allen möglichen Spezialfragen des Unternehmerinnendaseins.

Für allgemeine und spezielle Beratungsfragen länger bestehender Unternehmen gibt es immer noch den Klassiker „Förderung von Unternehmensberatungen für kleine und mittlere Unternehmen und Freie Berufe". Der Zuschuß beträgt im Geltungsbereich der alten Bundesländer einschließlich Berlin 50 %, in den anderen Bundesländern sowie im Regierungsbezirk Lüneburg 75 % der in Rechnung gestellten Beratungskosten (ohne Mehrwertsteuer), höchstens jedoch 1.500 Euro je Beratung. Diese Beratungen können auch mehrfach in Anspruch genommen werden.

Zusammenfassung

Noch immer wird in der Förderlandschaft ein altes Klischee bedient: Typische Existenzgründer sind männlich, haben eine Familie zu ernähren, schaffen mit einer innovativen High-Tech-Idee zahlreiche Arbeitsplätze und bewegen die nationale und internationale Wirtschaftsszenerie. Deswegen werden die meisten Förderprogramme für Teilzeitselbständige nicht in Frage kommen.

Daß es so wenige Darlehensprogramme für Teilzeitgründungen gibt, hat auch einen ökonomischen Sinn: Wer in Teilzeit gründet, hat nur wenig Zeit, das geliehene Geld wieder hereinzuwirtschaften. Eine Teilzeitgründung ermöglicht günstigenfalls, die Betriebsausgaben und ein Teilzeiteinkommen zu erwirtschaften – selten reicht es für die Rückzahlung von Darlehen und Zinsen.

Interessant sind die Darlehens- und Bürgschaftsprogramme von Bund und Ländern vor allem dann, wenn die Kleinstunternehmerin ihr Unternehmen vergrößern will – viele Förderprogramme sind auch für die Festigung und Vergrößerung der Unternehmen in den ersten drei bis fünf Jahren erreichbar.

Leider werden gerade weiträumig – wie z.B. in NRW – jene Institutionen abgeschafft, die Kleinstgründungen indirekt gefördert haben: die Regionalstellen „Frau & Beruf", Frauenministerinnen, Frauenberatungsstellen und ähnliche Einrichtungen, die mit preisgünstigen oder sogar kostenlosen Beratungs- und Schulungsangeboten die Erfolgschancen für die kleinen Gründungen von Frauen positiv beeinflußten. Teilzeitgründerinnen sollten dennoch einen Blick auf die Förderlandschaft von Bund, Ländern und Kommunen werfen. Welche Zuschüsse und Unterstützungsmöglichkeiten es im einzelnen gibt, ist zu erfahren:

- beim Bundeswirtschaftsministerium, dort gibt es ein kostenloses Fördertelefon zu den Förderprogrammen des Bundes, der Länder und der EU für Existenzgründerinnen und andere Unternehmer, Tel: (030) 18 615-8000;
- bei den Wirtschafts- und Frauenministerien der Länder;
- bei den Wirtschaftsförderämtern in der Region;
- bei der Industrie- und Handels- und der Handwerkskammer;
- bei den Regionalstellen/Koordinierungsstellen „Frau & Beruf" oder „Frau & Wirtschaft", sofern es sie noch gibt;
- bei Unternehmerinnenmessen;
- bei den Gleichstellungsbeauftragten der Kreise und Kommunen.

Das kostenlose, umfangreiche Informationsmaterial, das die Teilzeitgründerin dort erhalten kann, wird sie erst mal studieren müssen.

Internet:

www.kfw-mittelstandsbank.de (hier gibt es einen interaktiven Förderberater sowie aktuelle Informationen über Voraussetzungen und Konditionen vieler Förderprogramme)

www.gruenderinnenagentur.de (mit Informationen zu Veranstaltungen, Büchern, Seminaren rund um die Existenzgründung)

www.mikrofinanz.net (hier sind die regionalen Organisationen aufgeführt, über die eine Finanzierung von Kleinstkrediten ggf. möglich ist)

www.foerderdatenbank.de (Homepage des Bundesfinanzministeriums mit vielen Informationen zu den Fördermöglichkeiten)

13. FÖRDERUNG FÜR ARBEITSLOSE

Die arbeitslose Grafikerin Jenny K. ist soweit: Sie möchte sich selbständig machen. Sie hat schon viel von den Fördermöglichkeiten durch die Arbeitsagentur gehört – nun will sie es genauer wissen.

Mittlerweile kennt die Arbeitsagentur nur noch eine Fördermöglichkeit beruflicher Selbständigkeit für Empfängerinnen von Arbeitslosengeld I: den Gründungszuschuß. Wer Arbeitslosengeld II bezieht, hat die Möglichkeit, mit dem Einstiegsgeld eine Förderung der selbständigen Tätigkeit zu bekommen. Beide Förderarten werden im Folgenden dargestellt.

a. Der Gründungszuschuß nach § 57 SGB III
von der Arbeitsagentur

Für den Gründungszuschuß müssen bei Jenny K. folgende Voraussetzungen vorliegen:
• Anspruch auf Entgeltersatzleistungen nach dem SGB III.
Das heißt, Jenny K. muß mindestens einen Tag arbeitslos sein und Anspruch auf Arbeitslosengeld I haben. Gefördert werden können auch Existenzgründungen von Beschäftigten in einer Arbeitsbeschaffungsmaßnahme (ABM).
Wer wegen einer Sperrzeit kein Arbeitslosengeld bezieht, bekommt während dieser Zeit keinen Gründungszuschuß. Ist die Sperrzeit abgelaufen, gibt es danach den Gründungszuschuß in voller Förderlänge.
Hat z.B. Martina G. ihre Stelle bei der Stadt selbst gekündigt, um sich sofort nach der Anstellung selbständig zu machen, bekommt sie eine Sperrfrist von 3 Monaten. Sie meldet sich arbeitslos und stellt einen Antrag auf Gründungszuschuß. Einen Tag muß sie tatsächlich arbeitslos sein und kann dann ihr Unternehmen gründen und voll durchstarten. Wenn alle Voraussetzungen für den Zuschuß vorliegen, bekommt sie ihn nach Ablauf der Sperrfrist.

- Ab Tag der Gründung muß noch ein Restanspruch von 90 Tagen auf das Arbeitslosengeld I bestehen. Den Antrag wird Jenny K. also frühzeitig stellen müssen.
- Jenny K. muß eine hauptberufliche selbständige Tätigkeit von mindestens 15 Stunden in der Woche planen. Auch darf ihre Existenzgründung nicht in eine wirtschaftliche Abhängigkeit (Scheinselbständigkeit) führen. Findet Jenny K. neben ihrer Selbständigkeit noch einen 400-Euro-Job oder eine halbe Stelle, kann sie den Gründungszuschuß weiter beziehen, wenn ihre Anstellung eine Nebentätigkeit bleibt, d.h. wenn sie in der Summe weniger Zeit beansprucht als die Selbständigkeit.
- Eine fachkundige Stelle muß Jenny K. bescheinigen, daß ihre Existenzgründung voraussichtlich wirtschaftlichen Erfolg haben wird. Als fachkundige Stellen werden in der Regel Berufsverbände, Kammern, Wirtschaftsförderämter, Steuerberaterinnen und Unternehmensberaterinnen anerkannt.
  Der voraussichtliche wirtschaftliche Erfolg wird üblicherweise durch die Kalkulation von Kapitalbedarf, Betriebsausgaben und voraussichtlichen Umsätzen in den ersten drei Geschäftsjahren und die Vorlage eines inhaltlichen Konzepts nachgewiesen.
- Jenny K. muß persönlich und fachlich für die Existenzgründung geeignet sein. Der Lebenslauf und ein Schulungsnachweis zur Existenzgründung wird mittlerweile von fast allen Agenturen verlangt.
- Jenny K. muß eine Bestätigung vom Gewerbe- oder Finanzamt vorlegen, daß die selbständige Tätigkeit angemeldet ist.

Erfüllt Jenny K. diese Voraussetzungen, hat sie einen Rechtsanspruch auf die Förderung durch den Gründungszuschuß.

Die Höhe der Förderung richtet sich nach der Höhe des Anspruchs auf Arbeitslosengeld I. Dieses wird vom Tag der Gründung an mit einem Aufschlag von 300 Euro neun Monate weitergezahlt.

Ist während der Arbeitslosigkeit ein regelmäßiges Nebeneinkommen erzielt worden, das den Arbeitslosengeldanspruch im letzten Bezugsmonat verringert hat, wird der Gründungszuschuß um dieselbe Summe gekürzt.

Der Übergang von einem kleinen Nebenerwerb in ein größeres

Unternehmen kann also auch mit dem Gründungszuschuß gefördert werden. Der Mindeszeiteinsatz für das Unternehmen muß für die Förderung 15 Stunden in der Woche betragen. Dieses Zeitvolumen meint nicht allein bezahlte Arbeitszeit, sondern schließt die unbezahlte Unternehmensführung und Verwaltungsarbeit ein.

Ab Bezug des Gründungszuschusses zahlt die Arbeitsagentur keine Beiträge mehr für Kranken-, Pflege- und Rentenversicherung. Die nunmehr hauptberuflich Selbständige muß sich selbst darum kümmern. Entschließt sie sich, in der gesetzlichen Krankenversicherung zu bleiben, hat diese einen Spezialtarif für Selbständige, die den Gründungszuschuß beziehen: Die Versicherung geht bei einer Gründungszuschußbezieherin nur von einem Mindesteinkommen von 1.260 Euro im Monat aus, und so ist der Mindestbeitrag etwa 100 Euro günstiger als für andere Selbständige. Eine allein durch den Zuschuß begründete Rentenversicherungspflicht wie bei der alten Ich-AG gibt es hier nicht mehr.

Der Gründungszuschuß muß nicht versteuert werden, er unterliegt auch nicht der Steuerprogression.

Nach Ablauf der 9 Fördermonate kann Jenny K. – sofern sie Unterlagen vorlegt, die ihre Bemühungen um eine solide, intensive und hauptberufliche Selbständigkeit nachweisen – eine Verlängerung von sechs Monaten beantragen. Dann gibt es allerdings nur noch pauschal 300 Euro monatlich. Einen Rechtsanspruch auf diese verlängerte Förderung hat sie nicht.

Sollte die Existenzgründung scheitern, kann Jenny K. ihren Restanspruch von mindestens 90 Tagen bei der Arbeitsagentur nicht wieder aufleben lassen: Der Restanspruch mindert sich um die Anzahl von Tagen, für die der Gründungszuschuß bereits gezahlt wurde. Mit der Förderung durch den Gründungszuschuß wird auch ihr Restanspruch verbraucht sein. Deswegen wird sie wahrscheinlich freiwillig Beiträge in die Arbeitslosenversicherung einzahlen – um einen neuen Anspruch aufzubauen (siehe S. 55 ff). Mißlingt der Start oder findet Jenny K. eine Anstellung, muß der Gründungszuschuß nicht zurückgezahlt werden. Beendet die Unternehmerin ihren Versuch, während der Zuschuß noch gezahlt wird, teilt sie dies der Agentur mit, damit die Zahlung eingestellt werden kann.

Weitere Förderungsmöglichkeiten
- Vor der Existenzgründung kann die Teilnahme an einem vorbereitenden Seminar durch Zuschüsse zu Lehrgangs- und Fahrtkosten, Unterkunft, Verpflegung, Unterhaltsgeld, Kinderbetreuung gefördert werden. Bei manchen Agenturen gibt es Gutscheine oder Zuschüsse für Beratungen im Vorfeld der Gründung.
- Nach der Gründung gibt es eine großzügige Beratung durch den Bund; darüber ist im vorherigen Kapitel nachzulesen.
- Will Jenny K. mit dem Gründungszuschuß richtig groß rauskommen und noch Arbeitsplätze schaffen, wird sie sich bei der Arbeitsagentur vor Ort – diesmal in der Abteilung „Arbeitgeberinnen" – erkundigen, welche Lohnkostenzuschüsse sie für ihre Angestellten bekommen kann.

Viele Fördermittel werden regional unterschiedlich vergeben. Die Gründerinnen werden bei ihrer zuständigen Arbeitsagentur nachfragen müssen, ob und in welcher Höhe es für sie eine Förderung gibt.

b. Einstiegsgeld für Arbeitslosengeld-II-Empfängerinnen

Das Einstiegsgeld kann als Zuschuß zum Arbeitslosengeld II beantragt werden, wenn die Arbeitslose sich hauptberuflich – d.h. mit mindestens 15 Stunden in der Woche – selbständig macht. Dafür muß die Gründerin einen Businessplan vorlegen, der enthält:
- Kurzbeschreibung des Existenzgründungsvorhabens,
- Kapitalbedarfs- und Finanzierungsplanung,
- Umsatz- und Rentabilitätsvorschau,
- Lebenslauf.

Dieser Businessplan muß üblicherweise von einer fachkundigen Stelle (Wirtschaftsförderung, Kammern, Unternehmens- und Steuerberaterinnen) positiv begutachtet werden. Nicht selten gibt es lokale Präferenzen für fachkundige Stellen.

Aber selbst dann gibt es keinen Rechtsanspruch auf die Förderung – das Einstiegsgeld ist eine Kann-Leistung des Staates.

Wird das Einstiegsgeld bewilligt, bekommt die Selbständige diesen Zuschuß zusätzlich zum bisherigen Arbeitslosengeld II, und das bundesweite Durcheinander fängt an:

- Üblicherweise wird der Zuschuß in der Höhe des halben Regelsatzes bewilligt, z. Zt. (2009) 179,50 Euro im Monat. Gelegentlich gibt es auch 100 % des Regelsatzes als Förderung. Für jedes zusätzliche nicht erwerbstätige Mitglied in der Bedarfsgemeinschaft erhöht sich die Förderung um 10 %, also 35,90 Euro im Monat.
- Üblicherweise wird zunächst nur eine Förderung von 6 Monaten bewilligt. Kurz vor Ablauf dieser Zeit kann eine Verlängerung um weitere 6 Monate beantragt werden. Eine Weiterförderung kann jedoch abgelehnt werden, wenn der wirtschaftliche Erfolg nicht absehbar ist – was immer der Fall ist, wenn keine Einnahmen erwirtschaftet wurden. Die maximale Bezugsdauer beträgt theoretisch 2 Jahre. Wer schon länger selbständig ist, kann mit einer Förderdauer von einem Jahr rechnen. Wer aus Arbeitslosigkeit gründet, kann auf eine zweijährige Förderung hoffen.
- Sehr häufig wird verlangt, daß eine monatliche Abrechnung des Einkommens aus selbständiger Tätigkeit stattfindet. Spätestens für jeden neuen Bewilligungszeitraum von Arbeitslosengeld II wird ein Nachweis der Einnahmen und Ausgaben verlangt. Später wird auch nach dem Einkommensteuerbescheid gefragt. Wurde mehr verdient als geplant oder auch weniger, kommt es zu Nachzahlungen oder Nachforderungen.
- Üblicherweise wird der Gewinn nach Abzug von Freibeträgen (siehe S. 28 ff) auf das Arbeitslosengeld II angerechnet. Laufen die Geschäfte gut und ist der Gewinn so hoch, daß bei seiner Anrechnung der Arbeitslosengeld-II-Anspruch ganz entfällt, kann der Zuschuß trotzdem weitergezahlt werden. Das Amt zahlt dann die Beiträge für Kranken- und Rentenversicherung nicht mehr. Ab hier entstehen zusätzliche Kosten – mindestens für die eigene Absicherung in einer Krankenversicherung (siehe S. 36 f). Gegebenenfalls gibt es dafür einen Zuschuß vom Amt.

Während des Bezugs von Arbeitslosengeld II und Einstiegsgeld ist die Selbständige in Renten- und Krankenversicherung pflichtversichert – die Beiträge zahlt der Staat. Nur die rentenversicherungspflichtige Selbständige zahlt eigene Beiträge zur Rentenversicherung (siehe Kapitel 7). Weder Einstiegsgeld noch Arbeitslosengeld II sind steuerpflichtig, sie unterliegen auch nicht der Steuerprogression.

Neben dem Einstiegsgeld gibt es für Gründerinnen theoretisch weitere Fördermöglichkeiten wie z.b.

- gründungsvorbereitende Bildungsmaßnahmen,
- Beratungskostenzuschüsse vor der Gründung;
- wenn keine andere Förderungsmögichkeit besteht, können Darlehen und Zuschüsse für die Beschaffung von Sachgütern gewährt werden, die für die Ausübung der selbständigen Tätigkeit notwendig und angemessen sind; Zuschüsse dürfen einen Betrag von 5.000 Euro nicht übersteigen.

Es gibt jedoch weder auf das Einstiegsgeld noch all diese Leistungen keinen Anspruch. Es kommt auf den Einzelfall an, auf die Ermessensentscheidung der Integrationsfachkraft und auf die Politik der Kommune. In einigen Städten und Gemeinden werden diese Förderinstrumente intensiv genutzt, in anderen werden sie eher ignoriert.

Die Arbeitslosengeld-II-Empfängerin Klara Berg wird für den Aufbau ihres Geschäfts im Bereich der musikalischen Früherziehung nur dann eine Förderung bekommen, wenn sie ihre Fallmanagerin von der Sinnhaftigkeit und dem möglichen Erfolg ihrer Planung überzeugen kann – eine erste Übung in Marketing. Wenn ihr das gelingt, hat sie – mit Netz und doppeltem Boden – eine gute Möglichkeit, sich einen eigenen Arbeitsplatz zu schaffen.

Literatur:

Arbeitslosenprojekt Tu Was, *Leitfaden für Arbeitslose*, Band 3, Fachhochschulverlag Frankfurt/Main

Arbeitslosenprojekt Tu Was, *Leitfaden zum Arbeitslosengeld II*, Band 4, Fachhochschulverlag Frankfurt/Main

Internet:

www.arbeitsagentur.de

www.tacheles-sozialhilfe.de (mit aktuellen Informationen und den Adressen regionaler Arbeitsloseninitiativen)

14. TEILZEITSELBSTÄNDIGKEIT: LOHNT SICH DAS?

Manch eine wird das Buch auf dieser Seite beginnen. Warum auch nicht, spätestens beim Rechnen wird die Leserin zurückblättern müssen in die Kapitel zur sozialen Absicherung. Ob sich Teilzeitselbständigkeit lohnt, ist vor allem eine Frage des Rechnens. Als erstes wird die Kleinunternehmerin berechnen müssen, was sie selbst braucht. In der Buchhaltung heißt dieser Posten Eigenoder Privatentnahme. Das ist die Summe, die die Unternehmerin für ihren Eigenbedarf aus dem Betrieb nimmt. Betriebswirtschaftlich gesehen darf sie nicht mehr aus dem Betrieb entnehmen als die Summe, die nach Abzug der Betriebsausgaben als Gewinn übrig bleibt. In der vorausschauenden Planung können wir nur die Summe berechnen, die theoretisch als Gewinn übrigbleiben muß, damit wir überhaupt mit dem Unternehmen starten.

a. Kosten der Unternehmerin

Hier werden alle Kosten zusammengerechnet, die für die Unternehmerin entstehen. Dies kann errechnet werden anhand der realen Lebenskosten einer Unternehmerin, wie sie in der folgenden Kalkulation auftauchen.

Es kann jedoch einfach auch eine Summe festgesetzt werden, wie z.B. Nicole M., die für 15 Stunden Arbeit in der Woche auf jeden Fall 6.400 Euro netto im Jahr haben will. Gerechnet wird immer mit den Jahreskosten, als Hilfestellung kann auch der Monat ausgefüllt werden, weil der sich besser denken läßt.

Zu dieser Summe – die im Prinzip dem Arbeitnehmerinnen-Netto entspricht – kommen noch die zusätzlichen Kosten für die soziale Absicherung und die Einkommensteuer.

Im Beispielsfall wurde berechnet, daß Nicole M. zwar aus der beitragsfreien Familienversicherung herausfällt, jedoch nur den günstigen Krankenversicherungstarif für nicht hauptberufliche Erwerbstätige von 136,50 Euro zahlen muß und sich eine minimale Lebensversicherung mit einer monatlichen Zahlung von 30 Euro leistet. Welche zusätzlichen Kosten für andere Teilzeitselbständige entstehen, ist in den Kapiteln über Rentenversicherung (S. 42 ff) und Krankenversicherung (S. 32 ff) nachzulesen.

Bei der Steuer wird es schwierig, weil alle sonstigen Einkommen und Freibeträge zusammengezählt werden müssen, um die zu erwartende Steuerzahlung zu berechnen. Darüber ist mehr zu erfahren im Kapitel über die Einkommensteuer (S. 73 ff).

Für Nicole M. wurde im Beispiel errechnet, daß sie auf ihren Gewinn von ca. 9.700 Euro etwa 1.350 Euro Steuern zahlen muß – das wird für jede Unternehmerin eine andere Summe sein.

	Monat	Jahr	Nicole M.
Miete inkl. Nebenkosten			
Private Ausgaben für Telefon, Zeitungen, Versicherungen (Hausrat, Privathaftpflicht) etc.			
Private Reisekosten			
Privatdarlehen			
Kinderbetreuung			
Konsum: Essen, Trinken, Kleidung, Kultur			
Urlaub			
Sonstiges			
Zwischensumme			6.400 €
Abzüglich sonstiger Einnahmen (aus Anstellung, Unterhalt etc.)			
Zwischensumme			6.400 €
Altersvorsorge			360 €
Krankenversicherung			1.650 €
Anteilige Einkommensteuer ca.			1.350 €
Summe, die das Kleinunternehmen für die Unternehmerin als Gewinn erwirtschaften muß			9.760 €

b. Kosten des Unternehmens

Nicht nur die Unternehmerin, ihr Lebensunterhalt und ihre soziale Absicherung kosten Geld, auch für das Unternehmen selbst entstehen laufende Ausgaben, zum großen Teil auch dann, wenn kaum oder gar keine Kundschaft vorhanden ist. Es ist eine liebenswerte Eigenschaft von Teilzeitselbständigen, diese Kosten häufig nicht in ihre Preise mit einzukalkulieren.

Am Beispiel von Nicole M. sollen die möglichen Ausgabenarten aufgeführt werden. Aber Vorsicht, es könnten je nach Branche und Beruf ganz andere Beträge fällig werden oder noch andere Ausgaben hinzukommen.

Betriebsausgaben	Monat	Jahr	Nicole M.
Personal			
Miete/Pacht inkl. Nebenkosten			900 €
Telefon/Fax/Internet			420 €
Büromaterial/Porto			420 €
Beiträge Kammern, Berufs-verbände, Berufsgenossenschaft			300 €
Betriebsversicherungen			100 €
KFZ/Reisekosten			800 €
Beratung (Steuer, Supervision etc.)			150 €
Werbung			600 €
Bücher, Zeitschriften, Software			400 €
Fortbildung, Messen			250 €
Reparaturen/kleine Ersatz-beschaffungen			240 €
Sonstiges (Deko, Bewirtung, Arbeitsmaterial etc.)			100 €
Zwischensumme			**4.680 €**
Plus 10 % für Unvorhergesehenes			468 €
Summe			**5.148 €**

Wer mag, kann jetzt ihre Jahresausgaben selbst ausrechnen.

c. Investitionen: Anschaffungen und Wertverlust

Nicole M. hat auch Geld in die Gründung investiert: Sie hat einen Computer mit dazugehörigen Geräten und lizenzierter Software gekauft, Visitenkarten und Briefpapier drucken lassen, dazu noch einen Flyer. Bei einer ordentlichen betriebswirtschaftlichen Kalkulation muß das Unternehmen der Unternehmerin diese Investitionen zurückgeben (return of invest). Es wird dann so kalkuliert, als habe frau sich selber ein rückzahlbares Darlehen gegeben. In der Luxuskalkulation wird die Investition verzinst zurückgezahlt.

Insgesamt hat Nicole M. 3.000 Euro investiert, die sie in fünf Jahren zurückhaben möchte, unverzinst. Zu den Betriebskosten kommen also noch 600 Euro im Jahr dazu.

Das ist jedoch nicht alles. Diese Anschaffungen verlieren mit der Zeit und durch Gebrauch an Wert. Der Computer ist in drei Jahren eine Antiquität, ein neuer muß angeschafft werden. Auch die Werbung muß womöglich in fünf Jahren verändert und erneuert werden. Es muß also eine Position geben für Rücklagen, um in Zukunft neue Sachen anzuschaffen. Steuerrechtlich gibt es dafür bei den Betriebsausgaben die Position Abschreibung für Anlagevermögen. An die steuerrechtlichen Bedingungen dafür müssen wir uns in der betriebswirtschaftlichen Kalkulation nicht halten.

Nicole M. überlegt sich, wie lange ihre Arbeitsgeräte und die Werbeunterlagen etwa halten und wieviel dann die Neuanschaffung kostet. Sie rechnet damit, daß sie innerhalb von sechs Jahren wieder 3.000 Euro investieren muß, also hat das kleine Unternehmen 500 Euro im Jahr zusätzlich zu erwirtschaften.

Ausgaben	Jahr	Nicole M.
Betriebskosten		5.148 €
Investitionen zurück		600 €
Wertverlust/Rücklagen für Neuanschaffungen		500 €
Betriebsausgaben gesamt		6.248 €
Eigenentnahme für die Unternehmerin		9.760 €
Gesamtkosten		16.008 €

d. Einnahmen und Preise

Wie soll ich das denn wieder hereinbekommen? fragt Nicole M.
entsetzt. Dabei hat sie noch Glück. Wer ein Produkt herstellt oder
verkauft, hat weitere Kosten, den Material- oder den Wareneinsatz.
Aber bleiben wir bei Nicole M. Sie muß jetzt ihren Stundensatz
berechnen anhand der beiden Zahlen, die wir haben: 16.008 Euro
muß sie einnehmen, 15 Stunden in der Woche hat sie für ihre Firma
zur Verfügung.

Bei Dienstleistungen, die stundenweise berechnet werden, gibt
es ein paar Faustregeln zu beachten:
- **Nicht jede Stunde, die gearbeitet wird, kann der Kundschaft
in Rechnung gestellt werden.**
Ein hoher Prozentsatz – zwischen 50 und 80 % – der Arbeitszeit
wird für die unbezahlte Unternehmensführung gebraucht. Das
sind Arbeiten wie: Werbung, Vorgespräche, Pflege der Arbeits-
mittel und -räume, Buchführung und Steuererklärung, Recherche, Konzeptentwicklung und anderes. In der Gründungsphase
können wir sogar damit rechnen, daß 90 % der Arbeitszeit nicht
bezahlt sind, da sehr viele Aktivitäten für Werbung und konzep-
tionelle Fragen anstehen und Kundschaft noch kaum vorhanden
sein wird.
- **Es entstehen zwar das ganze Jahr über Ausgaben, jedoch
werden nicht das ganze Jahr Einnahmen erwirtschaftet.**
Es gibt immer auch Zeiten von Urlaub, Krankheit, Fortbildung
oder saisonale Ausfälle. Im Schnitt kann davon ausgegangen werden, daß 43 Wochen im Jahr Einnahmen gemacht werden.

Formel zur Berechnung des Stundensatzes:

mögliche Wochenarbeitszeit
– Unternehmensführungszeit
= bezahlte Arbeitszeit/Woche x Anzahl der Wochen im Jahr (43)
= **Jahresarbeitszeit**
Kosten des Betriebes
+ Kosten der Unternehmerin (Eigenentnahme)
= **Gesamtkosten dividiert durch Jahresarbeitszeit = Preis pro Stunde**

Wie sieht es unter diesen Prämissen bei Nicole M. aus? Von ihren 15 Stunden zieht sie 5 Stunden für Unternehmensführung ab, so daß sie wöchentlich 10 Stunden an die Kundschaft verkaufen kann. Bei 43 Wochen ergibt das eine Jahresarbeitszeit von 430 Stunden. In dieser Zeit muß Nicole M. 16.008 Euro umsetzen. Ihr Stundensatz beträgt demnach:

16.008 Euro : 430 Stunden = 37,23 Euro/Stunde.

Nicole M. ist nicht glücklich mit ihrem Stundensatz. Sie will ihren Büro- und Buchhaltungsservice im kleinstädtischen und ländlichen Bereich anbieten. Dort läßt sich dieser Preis nicht halten, da zwei Konkurrentinnen ihre Dienstleistung für 25 Euro/Stunde anbieten. Da sind wir bei einer Besonderheit der Teilzeitselbständigkeit.

Würde Nicole M. mehr Zeit für ihr Kleinunternehmen aufbringen, hätte sie kaum höhere Betriebskosten und kaum mehr Arbeit im Bereich der Unternehmensführung.

Als Vollzeitselbständige entstehen Nicole M. Kosten von, sagen wir, 30.000 Euro im Jahr, da sie mehr verdienen will, eine teurere Krankenversicherung abschließen und vermutlich mehr Steuern bezahlen muß. Dafür kann sie dann 30 Stunden in der Woche für ihre Kundschaft arbeiten, das ergibt eine Jahresarbeitszeit von 1.260 Stunden und ein Stundenhonorar von knapp 24 Euro.

Was kann Nicole M. tun? Mehr arbeiten möchte – und kann – sie nicht. Eine Überlegung ist, ob sie ihre Dienstleistung nicht doch für 37 Euro die Stunde verkauft. Das kann gelingen, wenn sie eine gute Verkäuferin ist und ihr Angebot sich positiv von dem ihrer Konkurrenz unterscheidet. Nicole M. traut sich das nicht zu. Also muß sie ausrechnen, was für sie übrig bleibt, wenn sie – wie ihre Mitbewerberinnen – 25 Euro in der Stunde nimmt.

Die Jahresarbeitszeit beträgt 430 Stunden, das sind 10.750 Euro Einnahmen im Jahr. Die Betriebsausgaben von 6.248 Euro davon abgezogen, bleibt ein Gewinn von 4.502 Euro im Jahr.

	Jahr	Monat
Einnahmen	10.750 €	
Betriebsausgaben	- 6.248 €	
Rest für die Unternehmerin	4.502 €	375 €

Von den 375 Euro im Monat gehen gegebenenfalls noch die Krankenversicherung und die Steuern ab. Bei einer 15-Stunden-Woche bleiben etwa 6,25 Euro die Stunde für die Unternehmerin, ihre Krankenversicherung und Steuern übrig. Dieses Ergebnis ließe sich leicht verbessern, wenn Nicole M. die Betriebsausgaben tatsächlich senken kann.

Das lohnt sich nicht!

Behaupten Nicoles Ehemann, Herr M., und der Steuerberater empört. Und in gewisser Weise haben sie recht, zumal durch einen Gewinn des Büroservices höhere Steuern für die angestellte Tätigkeit des Herrn M. anfallen könnten.

Faktisch kommt ein solches Argument einem Arbeitsverbot für Nicole M. gleich. Die steuerlich stärkere Belastung für die Familie M. entstünde auch, wenn Nicole M. eine Anstellung finden würde.

Und ihr Motiv für die Selbständigkeit ist nicht nur das eigene Geld. Sie will:

- Raus aus dem Haus!
- Mit Erwachsenen zu tun haben!
- Ihre Fähigkeiten erproben und erweitern!
- Anerkennung für geleistete Arbeit!
- Kontakte zur Arbeits- und Geschäftswelt!
- Über die selbständige Tätigkeit vielleicht eine Anstellung finden!

Nicole M. wird neu überlegen müssen, ob sich der Aufbau des Kleinunternehmens für sie lohnt. Sie wird so lange an ihrem Konzept und den Zahlen arbeiten, bis sie ja dazu sagen kann – oder aufgibt.

Jenny K., die Werbegrafikerin, und Martina G., die Supervisorin, können ihre Stundensätze nun nach dem oben aufgezeigten Schema selbst ausrechnen. Dann wissen sie, wie teuer sie sein müssen, wenn sie kostendeckend arbeiten wollen.

Der nächste Schritt ist dann, die errechneten Preise mit der Konkurrenz zu vergleichen und sich dazu in ein angemessenes Verhältnis zu setzen.

15. DIE ZEIT, DAS ANGEBOT
UND DIE ZIELGRUPPE

Teilzeitselbständige Frauen haben viel zu tun. Da ist neben der Firma noch eine Anstellung, die Lebenszeit erfordert, oder eine Familie. Manchmal auch beides.

Für Teilzeitselbständige ergeben sich dadurch hohe Anforderungen an ihr Zeitmanagement und ihre Abgrenzungsfähigkeiten, damit sie ihr Geschäft überhaupt erfolgreich starten können. Privatleben und Anstellung stellen ihre Forderungen oft unverhohlen und nachhaltig. Aber das Geschäft – niemand fragt danach.

Dabei ist es eines der schwierigsten Unterfangen, mit begrenztem Zeitvolumen in die Selbständigkeit zu gehen. Einmal gibt es immer etwas zu tun oder etwas, was die Unternehmerin tun könnte. Zum anderen muß sie auf die Wünsche und Bedürfnisse der Kundschaft achten, wenn sie Kontakte herstellen und halten will.

Erreichbarkeit: Wenn es keine Rufumleitung geben kann, muß der Anrufbeantworter Auskunft geben, wann und wie die Unternehmerin zu erreichen ist. Bitte keine sichtbare oder hörbare private Mitnutzung der Telefonanlage durch Mitbewohnerinnen!

Terminkoordination: Die Teilzeitselbständige, die wegen Familie oder Festanstellung kaum zeitliche Ressourcen hat, ist möglicherweise wenig flexibel gegenüber den Wünschen der Kundschaft.

Teilzeitselbständigkeit heißt in manchen Branchen – z.B. im Bildungsbereich –, daß in der Hauptsaison fast Vollzeit gearbeitet wird. Dafür gibt es auch Zeiten, wo fast nur Verwaltungs- und Führungsaufgaben anstehen.

Für Fragen des Zeitmanagements seien die entsprechenden Fachfrauen und ihre Trainings empfohlen.

Wachstumsgrenzen: Ist das Unternehmen nach langer Anlaufzeit erfolgreich und weist endlich eine gute Auslastung und Auftragslage auf, hat die Teilzeitselbständige ein seltsames Problem: Sie müßte Aufträge ablehnen, um im Zeitlimit zu bleiben. Oder sie überlegt sich Möglichkeiten des sozialverträglichen Wachstums:

- Stunden in der Anstellung reduzieren?
- Die Familie mehr sich selbst überlassen?
- Mitarbeiterinnen einstellen?
- Freien Honorarkräften Unteraufträge erteilen?
- Eine Mitinhaberin für die kleine Firma suchen?

Den Zeitpunkt für die Beantwortung solcher Fragen darf die erfolgreiche Kleinunternehmerin nicht verpassen, da hier viele Chancen auch für das persönliche Wachstum liegen. Und weil die Gefahr lauert, im Terminchaos zu versinken.

Geschäftsplan: Spezialisierung statt Gemischtwarenladen

Um mit ihrer Zeit auszukommen, muß die Teilzeitselbständige ihr Unternehmen genauer und besser vorbereiten und führen als jede andere Existenzgründerin, wenn es erfolgreich sein soll.

Das Unternehmen braucht ein inhaltliches Konzept, in dem Zielgruppe und Angebot ebenso bestimmt sind wie die Schritte zur Gewinnung der ersten Kundschaft. Das braucht Zeit, Geduld und Konzentration. Vor allem in bezug auf Angebot und Zielgruppe wird die Kleinunternehmerin Schwerpunkte setzen müssen, damit sie sich in den vielen Möglichkeiten nicht verliert.

a. Spezialisierung in bezug auf das Angebot

Jede Selbständige sollte nur das anbieten, was sie wirklich gut kann. Eine solche Spezialisierung ist vor allem hinsichtlich der Konkurrenz und des Marktes empfehlenswert: Es wird sich nur das gut verkaufen lassen, was im Verhältnis zum Preis von ordentlicher Qualität ist. Gut können – das heißt, Erfahrungen mit dem Produkt, der Dienstleistung und der Branche haben. Alles über die Konkurrenz und die Zielgruppe wissen. Schnell sein und gut.

Für die Schwerpunktsetzung auf ein spezialisiertes Angebot zählen jedoch nicht nur die guten Fähigkeiten und Fertigkeiten. Die Unternehmerin sollte die Arbeit auch noch gern verrichten. Etwas, was eine gut und gerne tut, wird sie auch in schwierigen Zeiten nicht so schnell aufgeben!

b. Spezialisierung auf eine Zielgruppe

Oft gibt es schon eine grobe Schwerpunktsetzung bei den werdenden Unternehmerinnen, wie z.B. Alte, Frauen, Betriebe, Manager oder Kranke. Das reicht jedoch nicht, denn diese Gruppen sind zu groß und zudem sehr heterogen. Die Kosten und der Zeitaufwand, um alle Frauen, alle Betriebe, alle Alten anzusprechen, würden weit über die Möglichkeiten eines Kleinunternehmens hinausgehen.

Damit eine Unternehmerin mit chronischem Zeit- oder Geldmangel die ersten Schritte in Richtung Werbung und Akquisition gehen kann, wird sie sich eine viel kleinere Gruppe aussuchen mit einem größeren gemeinsamen Nenner.

Nicole M. möchte ihren Büroservice für Firmen anbieten. Aus der großen Auswahl kann sie sich ihre spezielle Zielgruppe nach folgenden Kriterien aussuchen:

Nach Größe	- Anzahl der MitarbeiterInnen
	- Umsatz
	- Fläche
Nach Branche z.B.	- Industrie
	- Handwerk
	- Einzelhandel
	- Gastronomie
	- Freie Berufe
	- Außenhandel
	- Landwirtschaft
	- Staatsbetriebe
	- Gemeinnützige Wirtschaft
	- Bildungssektor
Innerhalb der Branche differenziert z.B.	- Elektrohandwerk
	- Holzverarbeitung
	- Maschinenbau
	- Lebensmittelindustrie
	- Möbelindustrie
	- Anzahl der Betten oder Plätze
	- RechtsanwältInnen
	- ÄrztInnen
	- Energieerzeugung
	- Konfessionelle Träger

Nicole M. entscheidet sich für Glasereien und Metzgereien im Kreisgebiet, die zwischen 5 und 15 MitarbeiterInnen haben. Sie kennt die Innungsvorsitzenden, ihre Schwägerin arbeitet bei der Handwerkskammer. Wenn sich das schwerer als erwartet gestalten sollte, will sie Gastronomiebetriebe in der Größenordnung von 30 bis 90 Sitzplätzen ansprechen. In ihrer Ausbildung als Steuerfachgehilfin hat sie vor allem Buchhaltung für diese Betriebe gelernt.

Jenny K. bietet ihre Design-Tätigkeit für Freie Berufe und andere Dienstleisterinnen im Bereich Bildung, Beratung und Gesundheit an. Die Unternehmen, für die sie arbeitet, sollen nicht mehr als vier MitarbeiterInnen haben und im Umkreis von hundert Kilometern ansässig sein. Kommen hier nicht genügend Aufträge, wird Jenny K. in der Wellness-Branche für ihre Werbeagentur werben. Sie denkt an Fitness-Studios, Saunen, Schönheitsfarmen, Kosmetiksalons.

Martina G. wird Supervision und Coaching vor allem für MitarbeiterInnen freier und staatlicher Träger der Jugend- und Kinderarbeit in der Landeshauptstadt anbieten. Da kennt sie sich am besten aus, hat auch schon viele Kontakte und muß nicht soviel reisen. Wenn sie dort geworben hat, ohne ausreichend mit Aufträgen versorgt zu sein, wird sie ihre Dienstleistungen im Bereich der Altenpflege, bei Hospizen, Einrichtungen des betreuten Wohnens und in Krankenhäusern anbieten.

Wer Privatkundschaft ansprechen will, hat es ein wenig schwerer. Zahlreiche Gemeinsamkeiten einer Zielgruppe sind denkbar, z.B.

Geschlecht • Alter • Bildung • Familienstand • Freizeitgewohnheiten • politische Vorlieben • Ernährungsweisen • Krankheitsbilder • Wohnweise/-ort • Arbeitsstatus • Reisegewohnheiten • Lesegewohnheiten • Einkaufsgewohnheiten • Bildungsverhalten • Konfession • Hobby etc.

Ingeborg K. möchte Gedächtnistrainings für alternde Menschen anbieten. Sie wird sich vielleicht in einem ersten Schritt auf Menschen spezialisieren,

• die zwischen 50 und 65 Jahre alt sind,
• die noch berufstätig sind,

- mit hohem Ausbildungsniveau,
- mit kulturellem und politischem Interesse,
- die gern lesen und reisen,
- die gut verdienen.

Eine solche Eingrenzung erleichtert das Vorgehen bei der Werbung. Ingeborg K. wird sich zum einen diesen Menschen persönlich bekannt machen und zum anderen genau dort ihre Werbung plazieren müssen, wo sie auftauchen.

- Bei Augen- und Hals-Nasen-OhrenärztInnen, .
- bei Optikerinnen und Hörgeräteakkustikern,
- in der Volkshochschule, als Gasthörerinnen an der Uni,
- im Theater,
- in Apotheken und Reformhäusern,
- in den Landesverbänden der politischen Parteien,
- in den Vorstandsetagen von Berufs- und Branchenverbänden,
- in gehobenen Einrichtungen des Betreuten Wohnens,
- in Wander-, Imker- und Jägervereinen,
- in Chören und Laienspielgruppen,
- in Buch- und Weinhandlungen.

Je konkreter die Vorstellung von der Zielgruppe, je vertrauter sie ist, desto eher lassen sich erfolgreiche Werbestrategien entwickeln.

Wichtig ist, daß die Unternehmerin die Zielgruppe mag und mit ihr auf Augenhöhe kommunizieren kann.

Es kann sein, daß die Spezialisierung auf die Zielgruppe nicht sofort klappt. Vielleicht hat diese Gruppe gerade furchtbare ökonomische Schwierigkeiten oder zur Zeit keinen Bedarf. Das macht nichts, dann wird die nächste Gruppe für die Werbung ausgesucht.

Bei der Spezialisierung wird die Werbung weniger zeit- und geldaufwendig. Es gibt nicht ein ganzes Branchenbuch, das beworben werden muß, sondern vielleicht nur zehn Adressen. Es müssen nicht tausend Telefongespräche geführt, fünfzigtausend Flyer verschickt, dreißig teure Anzeigen geschaltet werden.

Dann ist es vorstellbar, die Aufgabe auch zu schaffen.

17. ZU GUTER LETZT: DAS SCHLUSSWORT

Ein bißchen selbständig – das gibt es nicht! Das ist wie ein bißchen schwanger. So äußerte sich der angestellte Mitarbeiter einer Handwerkskammer zum Thema dieses Buches.

Recht hat er, wenn er meint, daß eine Teilzeitselbständige immer auch Unternehmerin sein, d.h. ihre Selbständigkeit aktiv gestalten muß. Unrecht hat er, wenn er meint, daß unternehmerische Tätigkeit notwendigerweise mit einer Sechzig-Stunden-Woche verbunden sein muß.

Sicher, es ist nicht einfach, den Zeiteinsatz für das kleine Unternehmen immer auf die gewünschte Arbeitszeit zu reduzieren, dazu verlangt die Kundschaft häufig zuviel Flexibilität von der Anbieterin. Dennoch zeigen zahlreiche Klein- und Kleinstunternehmen, daß eine Selbständigkeit, die nicht hauptberuflich betrieben wird, funktionieren kann.

Nicole M., Martina G. und Jenny K. wissen nun, was sie beachten müssen, wen sie fragen können und in welchem Rahmen sie ihr Unternehmen mit relativ geringem Aufwand starten können. Wenn sie noch nicht gleich ihr Unternehmen gründen, dann wissen sie auch, wo sie möglicherweise aktuelle Informationen bekommen können.

Sie werden Gespräche mit Arbeitgeberinnen, Arbeitsagenturen, Krankenkassen, Versicherungsmaklerinnen, Steuerberaterinnen und anderen führen, um letzte Fragen zu klären und ihre Möglichkeiten auszuloten. Ein ums andere Mal werden sie ihre Kosten und Preise neu berechnen, ihre Geschäftsideen überprüfen, konkretisieren und einen Plan für den Markteinstieg erarbeiten.

Und immer wieder wird jede sich entscheiden müssen, unter welchen Bedingungen der Aufwand sich für sie lohnt.

Weitere Informationen zu allgemeineren Gründungsfragen, z.B. zur gemeinsamen Gründung mit anderen, zur Wahl der Rechtsform, zu Fragen der Haftung, des Berufsrechts oder des Marketings werden sie in anderen Büchern nachlesen – empfohlen sei ihnen das Buch von Marie und Barbara Sichtermann und Brigitte Siegel, „Den Laden schmeißen. Ein Handbuch für Frauen, die sich selbständig machen wollen" – oder in Seminaren für Gründerinnen erfahren.

Und sie werden viel Zeit aufwenden, um sich mit anderen in ihrer Situation zu vernetzen und auszutauschen, auf Unternehmerinnen- und Gründerinnentreffen gehen, erste geschäftlich nützliche Kontakte knüpfen und ihren Bekanntheitsgrad erhöhen.

Die Startbedingungen für Teilzeitselbständige sind nicht einfacher als die für hauptberufliche Selbständige.

Es gibt in der Tat – wie hier beschrieben wurde – entmutigend viele rechtliche Regelungen auch rund um die Gründung eines Klein- oder Kleinstunternehmens. Mit der Schilderung dieser Regelungen soll keine Gründerin abgeschreckt werden, sie soll nur eine Ahnung davon bekommen, daß es mittlerweile kaum ein Gebiet gibt, das nicht rechtlich vorstrukturiert ist.

Von seiten des Staates gibt es zwar gelegentlich Verlautbarungen, die auf Vereinfachungen hoffen lassen, bisher ist jedoch noch mit jeder gesetzlichen Änderung der Dschungel der Paragraphen eher unübersichtlicher geworden.

Dies ist aber auch eine Chance, denn oft kennen die MitarbeiterInnen von Behörden, Kassen, Anstalten und anderen Einrichtungen die rechtlichen Vorschriften auch nicht so genau – und so kommt es mehr als bloß gelegentlich vor, daß Dinge möglich sind, die eigentlich gar nicht den Gesetzen entsprechen.

In diesem Sinn möchte ich mit einem Zitat von Gertrude Stein das Thema dieses Buches – vorläufig – beenden:

Wenn ich bedenke, wie gefährlich alles ist,
ist nichts wirklich beängstigend.

Die Autorin

Birgitt Torbrügge ist seit 1989 Unternehmensberaterin.

Den Beruf übte sie als Angestellte, dann als Teilzeitselbständige und seit 1998 als Vollzeitunternehmerin aus, so daß ihr alle Stadien der Gründung aus eigener Anschauung vertraut sind. Von Mechernich in der Nähe von Köln aus berät sie kleine Unternehmen, die in Voll- oder Teilzeit starten, in allen Fragen der Gründung, der Sicherung und des Wachstums.

Den ersten Vortrag über Teilzeitselbständigkeit hielt sie 1998 in Kiel. Seitdem ist das Interesse an diesem Thema so gewachsen, daß ein Ratgeber daraus wurde.

In dem Buch „Arbeiten neben der Rente. Das Handbuch für Selbständige und Angestellte", ebenfalls im Verlag Frauenoffensive erschienen, beleuchtet Birgitt Torbrügge eine weitere Facette der Teilzeitselbständigkeit.

www.torbruegge-unternehmensberaterin.de